"中国劳模"系列丛书

中国劳模

机车调试的"把关人"

张如意

邵一平　陶淑娴　黄保翔◎著

吉林出版集团股份有限公司

全国百佳图书出版单位

图书在版编目（CIP）数据

机车调试的"把关人"：张如意 / 邵一平，陶淑娴，
黄保翔著. -- 长春：吉林出版集团股份有限公司，
2025.6. --（"中国劳模"系列丛书 / 徐强主编）.
ISBN 978-7-5731-6140-6

Ⅰ. K826.16

中国国家版本馆CIP数据核字第2025M3P513号

JICHE TIAOSHI DE "BAGUAN REN"：ZHANG RUYI

机车调试的"把关人"：张如意

出 版 人　于　强
主　　编　徐　强
著　　者　邵一平　陶淑娴　黄保翔
组稿统筹　东北师范大学文学院创意写作研究中心
责任编辑　杨亚仙
装帧设计　刘美丽

出　　版　吉林出版集团股份有限公司
发　　行　吉林出版集团社科图书有限公司
地　　址　吉林省长春市南关区福祉大路5788号　邮编：130118
印　　刷　唐山富达印务有限公司
电　　话　0431-81629711（总编办）
抖 音 号　吉林出版集团社科图书有限公司　37009026326

开　　本　710 mm×1000 mm　1 / 16
印　　张　9
字　　数　90 千字
版　　次　2025 年 6 月第 1 版
印　　次　2025 年 6 月第 1 次印刷

书　　号　ISBN 978-7-5731-6140-6
定　　价　55.00 元

如有印装质量问题，请与市场营销中心联系调换。0431-81629729

序 言

　　劳动创造财富，劳动创造幸福，劳动创造未来。习近平总书记在2020年全国劳动模范和先进工作者表彰大会上的讲话中指出："全社会要崇尚劳动、见贤思齐，加大对劳动模范和先进工作者的宣传力度，讲好劳模故事、讲好劳动故事、讲好工匠故事，弘扬劳动最光荣、劳动最崇高、劳动最伟大、劳动最美丽的社会风尚。"当今世界，综合国力的竞争归根到底是科技人才和高素质劳动者的竞争。改革开放以来，我们强大的工人队伍用辛勤的劳动和拼搏奉献的精神推动中国制造、中国智造、中国创造走向世界的前列，使新时代的中国面貌日新月异。大力弘扬劳模精神、劳动精神、工匠精神，加强高素质技能人才队伍建设，打造一支宏大的知识型、技能型、创新型劳动者队伍，是伟大时代赋予我们的历史责任。

　　劳动模范是民族的精英、人民的楷模，是共和国的功臣。自改革开放以来，广大职工勇立改革潮头，独立自主，奋发图强，勇于创新，其中涌现出一批批全国劳模和大国工匠。他们参与建设了代表中国高度、中国速度、中国深度的一系列重大工程，提升了国家实力，打造了"中国名片"，树立了"中国品牌"，增添了"中国力量"，充分释放出工人阶级的创新活力，展示出大国工匠的强大创造力。他们以工人阶级的满腔热忱在各自平凡的工作岗位上取得了辉煌的成绩，书写了新时代的壮丽篇章。

爱岗敬业、争创一流、艰苦奋斗、勇于创新、淡泊名利、甘于奉献的劳模精神，崇尚劳动、热爱劳动、辛勤劳动、诚实劳动的劳动精神和执着专注、精益求精、一丝不苟、追求卓越的工匠精神，是广大劳动群众在社会生产实践中锤炼形成的弥足珍贵的精神财富，是工人阶级伟大品格的具体体现，是民族精神和时代精神的生动诠释。民族复兴需要劳动模范，祖国强盛需要大国工匠，中国制造、中国智造、中国创造更需要大国工匠的强有力支撑。劳模、工匠等的成长故事、先进事迹中承载的劳模精神、劳动精神和工匠精神，是激励全国各族人民团结奋斗、勇往直前的强大精神力量。

"中国劳模"系列丛书，采用图文结合的方式，讲述全国劳模、大国工匠和先进工作者们的成长经历及他们追梦、筑梦、圆梦的故事，用他们在平凡岗位上创造不平凡业绩的真实故事感染读者，推动形成劳动最光荣、劳动最崇高、劳动最伟大、劳动最美丽的社会风尚，引导广大技术工人和青少年形成劳动光荣、技能宝贵、创造伟大的观念。

"匠心筑梦，强国有我。"新时代是一个万象更新、生机勃勃的时代，也是一个继往开来、创新创业和建功立业的大时代。希望广大读者能以劳动模范为榜样，以大国工匠为楷模，立志技能报国、技术强国，踔厉奋发，勇毅前行，锤炼思想品格，汲取劳动智慧，勇于担当、勤于钻研、甘于奉献，为推进新型工业化和乡村振兴，为加快建设制造强国、质量强国、航天强国、交通强国、网络强国、数字中国、农业强国，全面建设社会主义现代化国家贡献青春力量。

高凤林

中华全国总工会副主席（兼）

中国航天科技集团有限公司第一研究院

211厂14车间高凤林班组组长

2022年11月

张如意，1982年出生，中共党员，2017年荣获全国五一劳动奖章，现任中车大连机车车辆有限公司机车电工。

1997年，张如意考入大连机车技校（现更名为：大连机车技师学院）钳工专业。毕业后，张如意进入中车大连机车车辆有限公司工作。

2005年5月，张如意被调入机车车间试运组，成为一名机车调试电工。在工作中，张如意勤勉肯干，解决了众多技术难题。作为调试人员，他先后完成了HXD3型、HXD3B型、HXD3C型等多种车型的调试工作和试运工作。

2011年，在中国北车集团第五届技术技能竞赛暨第四届青年职业竞赛中，张如意获得"中央企业技术能手""中央企业青年岗位能手"称号。

2016年，为了更好地发挥张如意的带头作用和宣传张如意的个人事迹，"张如意劳模创新（技能大师）工作室"应运而生。在张如意的带领下，该团队共取得研究成果69项，申请专利达30项。

2021年，作为机车制造领域的优秀代表，张如意接受了中央电视台《大国工匠》等多个节目的采访。

二十几年勤学苦练，张如意熟练掌握了各型机车的电气原理和调试工艺规程；二十几年刻苦钻研，让他练就了一手机车调试的绝活。身为"80后"机车调试专家，张如意立足机车调试电工岗位，以细致入微的工作作风、乐于奉献的工作态度和服务无止境的工作追求，在机车调试和试运岗位上作出了突出成绩和重大贡献，成为业界有名的"机车达人"。

张如意把所有的时间和精力都放在了心爱的"火车头"事业上，而他的专业与敬业、专注与坚持，也让他成为新时代中国"工匠"精神的杰出代表，与大连机车一起砥砺前行，走向世界！

目　录

第一章 家庭，滋养梦想的第一方厚土

扫码解锁

◉群英颂歌◉匠心追梦
◉技能报国◉奋斗底色

大连这座名城，山环水绕，享海陆之便，收鱼盐之利，控渤海而制东北，临朝韩而藩京畿。

作为东北地区最重要的海上窗口，大连的海上航运业发展迅速。繁忙的海上航运也带动了陆路运输的发展，每天在沈大线与哈大线上奔驰的"钢铁长龙"将东北的丰富物产运输至此，装船后销往世界各地。外来商品也由此登陆，在"钢铁长龙"的运送下，成为注入东北的新鲜血液。

机车、铁路与这座城市紧密联系在一起，为这座城市培养出一代代的"机车英雄"，张如意就是其中的一员。2000年入职中车大连机车车辆有限公司的他，凭借着二十年如一日的勤学苦练，成为业界认可的"机车达人"，也成为推动中国机车走向世界的大国工匠。

优良家风代代传

1982年2月6日，张如意出生在辽宁大连一个普通的工人家庭，父母均是大连第二轧钢厂的工人。

只要提及张家，街坊邻里都赞不绝口。从张如意的祖辈开始，张家三代人个个都是单位里的佼佼者，更是出过好几个劳动模范，是当之无愧的劳模之家。

张如意的外公刘永祥曾是大连市第一粮库基建科的科长。自工作以来，他始终坚持以身作则，对待工作认真负责，数十年如一日坚守在岗位上，参与到粮食入库、储存、出库等各个环节的监督和管理工作中，只为确保后勤保障工作落实到位。他还非常重视团队建设和人才培养工作，经常组织各种培训和学习活动，帮助团队成员提升专业素养和业务能力。在他的带领下，职工队伍更加团结，形成了良好的工作氛围。张如意外公的工作态度和事迹得到了大家的认可和称赞，因此连续三年被评为大连市劳动模范。

张如意的爷爷是一名优秀的老党员。在工作中，他时刻发挥着党员的模范带头作用，以优良的党员作风、勤勉踏实的工作态度，坚守岗位40余年，多次被厂里评选为劳动模范和先进工作者。在爷爷的影响下，张如意将加入中国共产党作为自己的一个目标，不论是在学习上还是工作中，时刻以党员的标准要求自己，不敢有丝毫懈怠。

俗话说"虎父无犬子"，张如意的父母也非常优秀。

张如意的母亲名叫刘庭琴，是一位爽朗朴实的东北妇女。在大连第二轧钢厂工作的日子里，她兢兢业业，认真完成每一项工作，连续多年被评为先进工作者。她还经常帮助遇到困难的妇女儿童，是出了名的热心肠。

张如意的父亲张龙成更是勤勉敬业，经常是第一个进厂，最后一个离厂。他在岗位上埋头钻研，受到了工友和上级的广泛赞誉，曾连续七年被评为厂劳动模范。

⊙ 张如意小时候和母亲的合照

"父母平时很忙，我跟爷爷在一起的时间更多。"张如意回忆道。

在儿时的记忆里，父母经常早出晚归。每当傍晚时分，玩伴们都会被各自的父母喊回去，张如意只能独自回家找爷爷。用过晚饭，爷爷便兴致勃勃地给他讲岳飞、杨家将的故事。故事虽然好听，但张如意总是向门口张望，期待看见父母下班归来的身影。张如意有些沮丧又有些不解地问："爷爷，爸爸妈妈什么时候才能回来？我想让他们陪我玩。"爷爷笑着将张如意抱到自己腿上，宠溺地摩挲着他的头，说道："如意啊，在小家之外，还有一个大家，那就是咱们的国家，爸爸妈妈是在为国家建设做贡献呢。咱们呀，再等等，等爸爸妈妈放了假，让他们好好陪如意玩儿。"

那时的张如意虽然不能完全理解爷爷的话，但看到父母带回家的一本本红彤彤的荣誉证书，自豪感油然而生。父亲告诉他，因为父母工作干得好，才获得了这些荣誉，这是对父母工作的认可。张如意一听，挺起了胸脯，平日里父母不能长时间陪伴自己的委屈一扫而光，他感到无比骄傲，立志要成为像父母那样热爱工作、吃苦耐劳的人。

在这个以"刻苦勤勉"为家风的家庭里，张如意受到了良好的劳动教育，他自幼耳濡目染，养成了踏实肯干的品质。这是家庭赠予他的最大财富，这笔宝贵的财富将在漫漫时光里陪伴张如意一程又一程，陪他走进学校，走进车间，走进工作室，走进人民大会堂……

父亲，指引前进的灯塔

　　"如果没有家人的支持，我走不到今天。"张如意这样说，"我非常感谢我的父母，尤其是我的父亲，他真的是一位非常伟大的父亲。"

　　在孩子的教育上，张龙成有着独特的见解。他常带着孩子见识各种各样的新奇事物，鼓励孩子多动手、多实践。张如意7岁那年的冬天，大连突降大雪，气温骤降，爷爷怕冻坏孩子，只让张如意待在家里。而张龙成却认为这是培养孩子劳动意识的大好机会，于是先是同孩子一起打雪仗，然后又拿来扫帚对张如意说："咱们玩也玩过啦，该把院子里的雪扫一扫啦，你和爸爸一起扫吧。"小如意二话没说，接过扫帚就扫雪。爷爷一听，赶忙过来阻止："小孩子能扫多少雪，至于让他受那罪？冻坏了可咋办？"张龙成给小如意掸了掸外套上的雪，鼓励着说："小孩子要从小锻炼，不怕苦、不怕累，干事才会更加勤快。再说了，他已经是个小男子汉了，该学着干活了。"爷爷听完也十分赞同，立刻以身作则，找来工具陪着儿孙一起扫雪。雪地里是祖孙三代协作劳动的背影。

　　张如意一家勤劳朴实又乐于助人，同邻里乡亲的关系自然非常好。年幼的张如意活泼开朗、聪颖知礼，很受邻居的欢迎。

时至今日，张如意已然获奖无数，但他从未有过骄傲自满，因为他始终记得父亲的教诲。

播撒理想的种子

张如意的父亲深知"实践出真知"的道理，因此尤为看重对孩子的实践教育。张如意6岁时，父亲便常在休息之余带他认识世界、认识各种各样的新鲜事物。起初是在屋子里，父亲向小如意介绍着一砖一瓦、一桌一椅的由来，又逐渐延伸到屋外、田间。

在张如意一家原住所的附近有一座铁路桥，每天傍晚6点会有一列混合列车从此驶过。庞大绵延的车体和震耳欲聋的声音吸引着年幼的张如意，他并不能完全理解大人口中的"火车"到底是什么，只知道这庞然大物用途很广，不仅可以载人，还能拉货，更重要的是，当它呼啸而过时，令人震撼。于是张如意每天都会准时守候在铁路桥旁，仰视着火车从自己眼前呼啸而过。他不止一次地追着火车奔跑，感受着火车的速度，即便火车会在片刻间远离，消失得无影无踪，他也乐此不疲。

父亲带回家的玩具火车，是张如意第一次接触"钢铁长龙"，尽管这只是一个模型玩具，却勾起了小如意的好奇心。

⊙ 张如意小时候和父母的合影

"爸爸，火车里面是什么样子的？"

"火车到底是怎么动起来的？它为什么可以跑得那么快？"

"它是怎么拉动货物的？它是不是也要吃饭？"

"它从哪里来，又要到哪里去？"

……

面对众多问题，父亲并未不耐烦，而是哈哈一笑，将大手抚上小如意的脑袋，说："孩子，爸爸知道的都告诉你了。你可以把还没明白的问题先记下来，咱们慢慢探索。"

没有得到全部答案的小如意有些失落，他多么想坐进火车车厢，欣赏车窗外的美景，亲身感受一下火车的风驰电掣。也许张如意自己都不曾意识到，从那时起，庞大的火车已经化为一粒种子，在他的心中慢慢发芽。

乘火车的机会很快就来了。

1991年，张如意的父母决定到南方探望一位朋友。因为张如意年龄比较小，父母便准备将他留在家中由爷爷照顾。但是小如意听说父母这次会乘火车，一颗跃跃欲试的心再也按捺不住了。懂事的小如意收拾好自己的行李，恳请父母带上自己一起出门。父母考虑再三，认为见见外面的世界对孩子有好处，也就同意了。

这是张如意第一次跟随父母出远门。坐在绿皮火车的车厢里，张如意无比激动，平时只是在远处观看过这条"钢铁长龙"的模样，今天终于可以体验一下飞驰的感觉了。

因为路途遥远，长时间乘坐绿皮火车的不适感引起了张如意

⊙ 张如意小时候的全家福

的关注。通过观察往来乘客的状态和需求，张如意越发觉得这列
火车存在着很多问题：列车的空间过于狭小，尤其是过道，每次
仅能容一人通行，非常容易造成拥堵；乘客较多，车厢内空气流
通不畅，各类味道混合在一起，非常难闻；同时，火车行驶得不
平稳，过于颠簸，还会产生让人难以忍受的噪声；等等。

这些问题大大降低了乘客乘车的舒适度，尤其是路途漫长的
乘客，疲态尤为明显。一个大胆的想法在张如意心中产生：烧
煤、烧柴油的火车速度慢、噪声大，为什么不能像玩具火车一样
用电驱动呢？

历时弥久，一家三口拖着疲惫不堪的身躯下了车，"出一趟
远门真不容易，坐火车坐得身子都散架子了。"母亲抱怨道。

父亲捶着酸痛的腰背，附和着："可不是，要不是真有事儿，
谁愿意跑那么远的地方。如意，你第一次坐火车，感觉怎么样？"

"我觉得坐火车没有想象中的有趣，也不太舒服。"张如意
如实说道，"不过，爸爸妈妈你们别急，等我长大了一定会造一
辆又舒服又快的火车，让你们想去哪里就去哪里。"

父亲一把将小如意抱了起来，笑着说："嘿，我儿子真是有
大志向。行，我们等着你的大火车，到时候让爸爸妈妈好好体验
一下。"

谁也不曾想到，那时的一句童言竟在日后成真。回首往事，
张如意十分感激父母，正是因为父母一直给予的莫大肯定和鼓
励，他才能数十年如一日地坚守在机车调试第一线。

第二章　求学，以扎实学识铸就理想

扫码解锁
◉群英颂歌 ◉匠心追梦
◉技能报国 ◉奋斗底色

书山当有路，学海应无涯。张如意一直在自己感兴趣的领域不断探索，并寻找适合自己的学习方法。

小学时的张如意便常以兴趣为师，使自己有充足的动力和毅力刻苦钻研，不论是学习方面，还是手工实践方面，都取得了优异的成绩。

人生并非一帆风顺，通向成功的道路上总会遇到荆棘。初三下半学期刚开始，张如意的父母就双双下岗，面对未来，张如意显得有些迷茫。在父母的鼓励下，张如意决定追随自己内心的真实想法，报考机车技校。在校期间，他刻苦学习，通过强化实操训练补齐了实操短板，取得了优异的成绩。

"学习是艰苦的，老师们信任的目光使我挺起胸膛，每次回家看到父母那斑白的双鬓、晒黑的皮肤，我都会燃起努力奋斗的心火。"张如意这样说，十余年的求学生涯，让他离自己的"机车梦"越来越近了。

兴趣是最好的老师

"兴趣是最好的老师。"这是张如意非常赞同的一句话，"你对一件事情产生了兴趣，就会更有动力，而且会更严格地要求自己。"

张如意的求学路始于周水子小学，这是一所面向周围居民区招生的学校。因为学校距离居民区不远，所以大多数孩子会选择踩点儿到学校。但张如意每天都会早早地来到学校，利用早上的时间预习一天的功课。

学习之余，张如意还热爱研究家电。"如意小时候，特别喜欢摆弄各种家用电器，拆开后研究里面的结构，但从来不会弄坏电器。"母亲刘庭琴说。

张如意10岁时，家里购买了一台电风扇，他很好奇电风扇究竟是如何转动起来的，想了解电风扇内部的结构，便趁父母不在家时，用螺丝刀将电风扇拆开。当拆卸下来的零件摆在面前时，他并没有感到混乱，而是按照拆卸的顺序将零件一一摆放好。在看清风扇的内部结构后，张如意又按照顺序将零件一个个地装了回去。

直到父母下班回来，张如意还在忙活。父亲站在门外，示意妻子噤声，仔细看着张如意是如何将风扇重新组装起来的。直到电风扇被全部组装好，父亲仍未从惊讶中缓过神。自己也是从事机械相关的工作，非常熟悉常用电器的结构，父亲立刻意识到张如意在机械电器方面有着非凡的天赋。自此之后，父亲便常常在空闲时向张如意演示家用电器的拆装，并介绍各部件的名称和作用。在父亲的陪伴和引导下，张如意对机电的兴趣与日俱增。

小学五年级时，由于搬家父母将他转学到大连市甘井子区六一小学。这所小学非常重视学生的全面发展，除了日常的语文、数学、英语课程外，还开设了一些旨在提高学生动手能力的实践课程。

　　手工课上，老师向学生们展示如何将硬纸板裁剪、组合成复杂的动物形象。本来，老师准备用3个课时让学生们掌握这项技能，但是还没到下课，张如意的作品就已经基本成型了。老师来到张如意身边，想知道他是如何做到的，只见张如意不慌不忙、有条不紊地完成了收尾工作。张如意出众的动手能力和专注力让老师非常惊讶。接下来的课程中，即使是难度更高的手工作业，张如意也能轻松完成。老师将张如意出色的表现告诉了班主任，在和家长沟通后，张如意被推荐参加了学校的实训班。

　　在实训班里，张如意得到了更为专业的辅导，学校也为实训班的同学提供了更丰富的工具和材料。经过一段时间的实训，张如意创作出了更好的作品。不久后，张如意就成了实训班里的佼佼者，还参加了学校的实践比赛，并获得了第一名。

面临选择，毅然追梦

小学毕业后，张如意进入大连市第三十中学继续初中学业。

初中的时光愉快又充实，很快来到了初三年级。正当一家人开始考虑张如意中考以后的选择时，困难突然到来。

张如意父母所在的公司因为经济效益大幅滑坡开始裁员，即便张龙成夫妻俩工作认真是出了名的，但也抵不过下岗大潮的裹挟，两人的名字双双出现在了裁员名单中。夫妻俩同时"下岗"，家庭失去了稳定的收入，这无疑是致命的。

时值下岗潮，找工作的人很多，每个人都在为生活艰难奔波，张龙成夫妻亦是如此。好在这个坚强的家庭没有轻易被困难打倒。凭借着在工厂的手艺，张龙成夫妻重新找到了工作，虽然工资微薄，但是依然支持张如意完成了初中学业，并参加中考。

在填报中考志愿时，张如意在报考高中还是技校之间犹豫不决。张如意觉得自己对做实验更感兴趣，而且自己的动手能力非常强，同时，受到父母的影响，他觉得做一名技术工人能够得到更好的发展，实现自己的人生价值。"你既然喜欢火车，那咱就报考机车技校吧。"父亲张龙成说道。正是父亲的这一句话，改变了张如意的一生，使他更加坚定了自己的选择，最终决定报考大连机车技校。

从此，张如意真正开启了属于自己的机车梦。

求学曲折，终有所获

张如意认为，只要经过不懈的努力，自己一定可以成为最优秀的技术工人。

怀揣着"机车梦"，张如意在1997年进入大连机车技校学习。但天不遂人愿，中考发挥失常的张如意并没有考入自己心仪的专业，而是考入了完全陌生的机车钳工专业。面对未知的领域，少年并未退缩，而是爆发出极大的求知欲，孜孜不倦地学习理论和实践知识。任课老师都知道机车钳工班里有这样一位同学：课堂上的他聚精会神，认真听讲；课外的他依然好学，经常到办公室向老师请教问题。这样端正的学习态度使张如意的文化课成绩一直排在班级第一名。

彼时，张如意的父母已经重新就业，但微薄的收入在沉重的家庭负担面前显得杯水车薪。为了维持生计，夫妻俩不得不四处奔波，寻找兼职工作，以增加收入。由于过度劳累，尚在中年的父母已经提前衰老。每每回家，张如意都会发现父亲的腰更加弯了，母亲的头上又多了几根白发。张如意明白父母的不容易，也知道必须学有所成才能报答父母，所以他下定决心，一定要成为一名优秀的技术工人。

通往优秀工人的道路上遍布荆棘，要想走得更远，必须以扎实的基础知识和熟练的技术为武器，扫清路上的障碍。

刚进入技校不久，张如意就遇到了第一道难题。无论是小学还是初中，张如意的动手能力在学校里都是数一数二的。但是在技校的第一节实训课上，张如意却出现了重大失误。由于看错图纸标注的尺寸，张如意做出的产品和标准要求相差甚远，看着同学们都做出了合格的产品，他对自己的失误感到十分焦急和懊恼，这也极大地影响了他的心态，继而在后面的课程中接连出现了失误。对于技术工人来说，这是个危险信号。实操能力是能否成为一名合格的技术工人的关键，如果实操不过关，就意味着张如意长久以来的目标将会化为泡影。

于是，张如意开始通过各种方法改变现状。首先，他向自己的实训课老师求教，老师告诉他实操一定要做到胆大心细，既要有敢于下手操作的胆量，又要有细致入微的观察，还要大量练习，做到这些，一定能够提升操作水平。得到老师的指导后，张如意每天都会花费大量的时间在实训教室实操，将自己做出的不合格产品重新修改，再交给老师检验，如果仍然有不合格的地方，就会反复调整或者重做。同时他开始整理实训笔记，将每一次的实验过程、心得经验记录下来，时常温习。仅仅半年，张如

⊙ 2000年，张如意（右二）与技校同学的合照

意就弥补了自己在实训方面的不足，他的产品甚至成了同学参考的标准。

时至今日，每当想起那段时光，张如意的脸上总是充满着向往，"实训课上一锤子一锤子砸击的场景，成了我一生中最美好的回忆"。对于张如意来说，技校的学习和生活是难忘的，"我爱这所学校，爱那段经历，那时的生活是我这么多年求学路上最丰富、最充实、最精彩的生活"。

时刻牢记铁人精神

从学习拆装电器，一路走来，父母见证着张如意一步步的成长。在学生时代，父母对张如意的劳动教育不曾缺位，这对淳朴的夫妻坚信唯有勤劳才是创造美好未来的钥匙。

如今，张如意奔走在成为一名合格工人的道路上，父亲仍想以一段特殊的经历让儿子了解劳动的真谛，用双手开拓属于自己的一片天地。

缘于这样的想法，父亲向领导请了假，兴冲冲地回到家，整理好自己和儿子的行李。张如意从图书馆回家后，看见客厅里的行囊，还以为父亲要外出。父亲却对他说："你在学习上刻苦，但也要学会放松。走吧，爸爸带你出去转转。"

说罢，父亲背起行李，一把牵过张如意的手，向外走去。

张如意连衣服都没有换就跟着父亲登上了火车，直到此时，他才发现父亲口中的"转转"，竟然是去往黑龙江省。等到父子二人坐下后，张如意有些兴奋，迫不及待地拉开了窗帘。

火车的速度不断加快，窗外的景色在张如意的眼前匆匆掠过。

"爸，咱为什么要去黑龙江呀？"面对着未知的目的地，张如意充满了好奇。

父亲并没有直接回答，而是给张如意留下了悬念："好好坐车，肯定带你去个好地方。"

张如意不再追问，16岁的少年，最是喜欢神秘的旅行。

在车上，张如意回忆起儿时乘车远行的感受，同如今乘车的感受对比，他猛然发现，火车大变样了。首先是空间上的感受，以前的火车车厢狭小，过道狭窄，十分不便；如今的车厢扩大了许多，过道也进行了改良，乘客行走更加方便了。其次是舒适度，之前的火车十分颠簸，远行的人非常容易感到疲惫；现在的火车稳定性提高了，座椅和床铺都更加柔软，舒适度有了很大提升。再就是噪音问题，现在的机车采用了隔音降噪技术，较之以前，噪声得到了很大改善，乘客也很少因为噪声感到烦躁。

但是这离张如意心目中的理想机车还有很大的差距。他通过借阅图书馆的书籍了解到，日本早已拥有了"新干线"，美、英等国在高铁机车的制造方面也取得了不凡的成绩。"外国人有的东西，咱们凭啥没有？"张如意心里这样想。"将来，等我成为机车工人，一定要让咱们中国的机车跑得更快，成为世界上最优秀的机车，让全世界都看到。"

次日早晨，张如意被父亲喊醒，一抬头就看见了窗外写着车站名的牌子——大庆。

张如意对于"大庆"这个名字并不陌生，大庆油田世界皆知。在这座镌刻着新中国石油工人光荣事迹的城市，涌现出了无数的劳动模范，留下了许多震撼人心的故事。

后来，张如意回忆道："父亲曾在这里工作过，也曾为我讲过那些故事，每当他说起时，我能感受到他言语里满是敬意。"

父亲轻车熟路，很快就安排好了住处。放下行李的第一时间，父亲就带着张如意来到了王进喜纪念馆。

王进喜，被誉为"铁人"，是一位优秀的石油工人，一生投身于石油事业，曾经奋战在这片土地上，他的事迹广为流传。

张如意在这里看到了许多他不曾了解的"铁人"事迹。其中让他印象最深刻的是王进喜搅动泥浆的照片。照片中的王进喜，即使胸部以下完全浸泡在泥浆中，脸上仍旧是无畏和不屈的神情。

父亲告诉他，这张照片拍摄于1960年，当时王进喜所在的钻井队正在进行大庆油田第二口井的钻井工程，为制服井喷，他不顾腿伤，毅然跳入泥浆池，用身体搅拌泥浆，使得工程顺利开展，避免了可能出现的损失。听着父亲的话，张如意被王进喜的

⊙ 2000年，张如意（右一）技校留念

豪情壮志所感染，也被先辈恪尽职守的无私情怀所震撼。

从纪念馆出来后，张如意久久不能平复自己的心情。"80后"已经扛起了时代赋予的使命，肩负着新一代工人的担当与责任。联想到前辈工人的奋斗，张如意觉得自己有责任接过勤劳奋斗的大旗，延续中国工人的精神血脉，为富强中国贡献自己的一份力量。

第三章　肩负重任，担当时代使命

扫码解锁

◎群英颂歌◎匠心追梦
◎技能报国◎奋斗底色

　　领导眼中的张如意是青年技术工人岗位的明星，是技术大腕，是个正能量满满的"80后"，更是一面旗帜。在他的影响下，一批批青年职工用热血铸就青春，用无私的奉献延续着中国机车的辉煌。也正是因为有了这些青年职工，中车大连机车车辆有限公司这个具有百年发展历史的老厂才焕发出勃勃生机，谱写出公司改革发展、大连机车走向世界的辉煌篇章！

　　2000年，18岁的张如意如愿进入中车大连机车车辆有限公司，成为一名组装接线工。

　　面对真正的火车头，当一名称职的火车头"医生"，成了张如意的新梦想。

　　随着张如意的表现越来越突出，他被调入机车车间试运组，成为一名机车调试电工。在完全陌生的领域，工作难度可想而知，张如意需要从零开始学习、适应。张如意尽可能地抓住学习的机会，一方面，他努力把在课堂和书本中得来的知识运用到实践中；另一方面，他认真向前辈和专业技术人员请教。

　　二十几年的工作生涯，他的心得体会写满了大大小小十几个笔记本，这是一笔宝贵的财富。

学习之路漫漫

2000年，18岁的张如意从大连机车技校毕业，进入中车大连机车车辆有限公司工作。

中车大连机车车辆有限公司是中国轨道交通装备行业唯一一家既能研制内燃机车，又能研制电力机车和城市轨道车辆的行业领军企业。该公司始建于1899年，与大连市同龄，距今已有126年的历史。从新中国第一台"和平型"蒸汽机车问世，到新中国第一台内燃机车、和谐号电力机车等问世并批量投放市场，中车大连机车车辆有限公司经历了从修理到研制、从蒸汽机车到内燃机车、从替代进口到批量出口、从单一品种当家到多元化经营、从直流传动技术到交流传动技术的一次次重大转变，是名副其实的"中国机车第一厂"。

能在工作之初就入职这样一家企业，光荣感和自豪感在年轻的张如意心中油然而生，他觉得自己终于触摸到了儿时的"火车梦"。

在将要去公司报到的前一天，父亲将张如意叫到身边，语重心长地对他说道："如意，明天你就要进厂成为一名正式工人了。你要明白，'工人'二字写起来简单，做起来不容易，当了工人就要勤学好问，踏踏实实做好本职工作。"这句话也成了张如意的座右铭，他处处以这个标准衡量自己，力求每一件事情都能够尽善尽美。

进厂之初，张如意被分配到机车车间做组装接线工作。走上工作岗位，张如意暗暗给自己打气，打起十二分精神，细致处理每一个环节。

一次再平常不过的培训给张如意带来了新的机遇。2000年8月，公司为新入职的青年职工举办了入职培训。在这次培训中，张如意见到了此后改变他一生的人——毛正石师傅。会上，毛师傅以公司劳模代表的身份担任主讲人，通过讲述自己多年的工作经验和亲身体验，为青年职工传授干好工作的办法和门道。毛师傅侃侃而谈，每句话都说到了青年职工的心坎儿上。这让台下一直全神贯注的张如意大受启发，他突然意识到，干工作不是单单凭着愿吃苦、肯拼命就行的，最重要的是要勤学习、多思考，把足够多的心思花在每一个步骤、每一个零件的认真琢磨上。

从培训会回来的那天晚上，张如意在床上辗转反侧。他认真回想白天毛师傅说的每一句话乃至每一个字，他觉得，自己应该有一个长期的工作、学习规划，做一名持续学习型的工人。从那以后，张如意开始更加刻苦地学习专业知识，即使在下班之后、休息日，他也把自己的时间安排得满满当当——要么留在车间观察机器，要么泡在书店、图书馆里翻阅专业书籍和资料，要么趴

⊙ 张如意在工作岗位上的照片

在写字桌上记笔记——总之，他想方设法将时间最大限度地利用起来，丰富自己的专业知识储备、熟练自己的专业操作技能，一刻也不放松。他知道，要想成为一名基础扎实、技术精湛的能工巧匠，唯有用"笨"办法——多看、多学，没有捷径可走。

是机遇更是挑战

张如意在工作上的表现越来越突出，引起了公司领导的重视。2005年5月，张如意被调入机车车间试运组，成为一名机车调试电工——这个岗位所承担的工作是整个机车生产线上的最后一道工序。这个环节看似普通，却是整个机车生产链条上最重要、对工人能力要求最高的——要说清这一点，就需要从什么是"机车"说起。

机车，就是我们日常生活中常说的火车头。常言道："火车跑得快，全凭车头带。"这句话形象地说明了机车在整个火车运行过程中的重要作用。通常来说，机车因动力系统不同可分为内燃机车与电力机车。一台可正常运行的完整机车内部通常装配有几万个零件。这些零部件需要在机车运行过程中各司其职，统一而协调地互相作用，使机车正常、平稳地工作，从而保证整列火车安全、顺利地从始发地抵达目的地。

机车下线并交付使用前的最后一道工序并非简单地判定产品是否符合质量要求，还需要进行系统调试。机车是一个结构严密、体量庞大的复杂系统，一方面，由于其造价成本极高，哪怕是不合格的产品也不是直接报废或返回相应工序重新加工；另一方面，无论在进入最后一道工序之前，机车的产品质量有多高，都需要进行进一步的系统调试。从某种意义上说，张如意和他的工友们的工作直接关系到机车能否顺利交付使用。

情况还不止于此。机车生产进入最后一道工序之前都属于组装范畴，相应的工作虽然对操作熟练程度要求很高，但技术要求并不复杂且工作内容大都较为单一，对知识、技术的要求仅限于该工序内，需要应对的不确定情况也比较有限。然而，调试岗位就完全不同了。因为，所谓"调试"就是要使机车内部所有单元都能协调、有序地工作，这也就意味着各组装工序的技术、知识都是调试岗位工人所应该掌握的，并且，机车内部成千上万的零部件以及由此构成的复杂系统，各种偶发情况层出不穷。这就要求该岗位工人在错综复杂的情况下思路清晰、头脑灵活，可以对各种风险、问题以及困难进行及时且具有针对性的处理，甚至是提前预判。这些无疑都对调试岗位的工人提出了极高的要求。对于张如意来说，这次进入机车车间试运组，是人生中一次重要的机遇，更是一次艰巨的挑战。

在调任新工作岗位之初，公司为张如意安排了师傅，但万事开头难，对于刚刚从事这项工作的人来说，往往不知道该从哪里入手。就拿电气系统来说，那些密密麻麻、盘根错节的电线就足以让人觉得手足无措，而这些电线又连接着数以千计的机械零部件，如同人的神经一样共同支持着整个系统的运转。如果有一根电线出现了问题，那么整个电力系统都可能会出现这样或那样的故障与问题，进而威胁整台机车的运行安全。张如意他们要做的工作，就是在系统发生故障或运行状态异常时，从这些电线中排查出究竟是哪一根、在什么位置、出现了什么问题，然后给予相应的解决。这也意味着，这项工作要做到对这成千上万的机械零部件及其所连接的电线了如指掌，不但要了解它们各自在系统中的位置、功能以及内部构造，还要了解线路与线路、线路与机械零部件之间的关系及其作用原理。而找出问题仅仅是工作的开始，更重要的则是有思路、有办法地将问题予以解决。换句话说，从事这项工作，丰富的知识储备是最基础的要求，更为重要的是要有丰富的经验以及面对棘手问题时良好的心理状态和遭遇高强度工作时充沛的体能。可以说，从事机车调试工作，本身就是对从业者综合素质的考验，而从零开始去学习、适应，其难度可想而知。

在学习中成长

面对接踵而来的困难，张如意早已做好了充分的思想准备，这些等待他解决的"难题"不但没有吓倒他，反而激起了他奋发图强的决心。在那段日子里，除了必要的休息和吃饭以外，几乎所有的时间都被他用来学习相关的专业知识。工厂里，张如意每天完成了既定的工作任务以后还会在车间里待上很长时间，他利用这些时间熟悉每个系统、每个部件，反复演练每个工作步骤、操作手法。他后来回忆说："调试初期面对机车成千上万个部件，我暗下决心努力学习，一定要做一名合格的机车调试人员。于是，对于车体、转向架、柴油机、电气柜、微机，我逐个系统、逐个部件地熟悉。在接线、测量、故障诊断方面，我从工作步骤、工作手法学起，及时归纳、总结、记录，逐步掌握机车调试技能。我每天都要抽出很多时间进行学习和研究，经常是半夜回家、整月无休。"

与此同时，师傅和老同事们的每一次指点，张如意都会格外认真地对待。如果师傅不在，张如意抓住谁就把谁当作临时的师傅，弄清想弄清的所有问题才肯罢休。

　　张如意的这种态度，让同在一个车间的同事既欣赏又有点儿"害怕"，担心被他问倒，让自己下不来台。后来，车间的工友们为了打趣张如意给他起了一个诨名——"十万个为什么"。

　　而每次有其他公司的工程技术人员来车间，都是张如意最活跃的时候，他总是紧紧地跟在这个临时师傅后面，目不转睛地看着对方的一举一动，悉心琢磨他们每一句有关电器部件的讨论，有时他也会不失时机但非常礼貌地提出一些技术性的问题。

　　就这样，张如意一点点地熟悉了新岗位的工作，掌握了大量有关机车调试的知识和技术。逐渐地，这些部件和系统都一点点从"陌生人"变成了"老朋友"，张如意不但认识它们的"长相"，而且熟悉它们的"脾气"，知道它们常会在什么地方、什么时候"有意见""闹情绪"。

　　但是，张如意也清楚地知道，只是熟悉设备、掌握操作还远远不够，想要让自己的技术更加精湛，理论知识的掌握是不可或缺的。于是，他开始想方设法提高自己的理论知识水平。他从图书馆抱回来一摞又一摞专业书籍，《电气控制线路安装与维修》《电气控制与PLC技术应用》《机车电工技术指导》……只要是与机车调试工作有关系的，张如意都尽可能地让自己有所涉猎。与此同时，他还报名参加了电气知识专科理论学习班，更加系统、深入地学习并掌握电路分析、电机与拖动技术、电器原理等电气工程领域的核心课程。学习过程中，张如意不仅通过丰富的实践课程进一步加深了对电气知识的理解和认识，还接触到了前沿的理论知识。

在此后的每一次生产与工作中，张如意都尽可能地抓住学习的机会。一方面，他努力把在课堂和书本中得来的知识运用到实践中，仔细体会其中的精髓与门道；另一方面，他不放过任何向师傅、老工人、专业技术人员讨教的机会，并且在有所得、有所感之后认认真真地记录在笔记本上。工作二十几年来，他写满了大大小小十几个笔记本，这也成了一笔重要的精神财富。

第四章 披荆斩棘，坚守机车调试工作

　　近20年，是中国机车转型升级的关键阶段。随着机车制造技术的不断提升，一批具有国际先进水平的电力、内燃机车应运而生。张如意等机车调试人员迎来了更加艰巨的挑战。

　　先进机车技术的到来，意味着张如意必须做到与技术共同进步。只有在有限的时间里掌握新型机车的设计图纸，了解机车性能，才能更好地进行新型机车的调试工作。同外籍人员沟通不顺、调试过程中遇到各种问题，张如意面临的困难远不止这些。

　　"这些新技术是我从来没有接触过的，学习起来要花费大量的时间，真正实操起来就更难了，做不好的时候挫败感还是挺强的。"张如意时常感到迷茫，"但是我想，都走到这一步了，不如再试一试，毕竟人一定要向前看嘛。"

　　迷茫、受挫对于张如意而言是家常便饭，但他仍坚持走在新型机车调试的道路上，积极投身于工作当中，先后完成了HXD3型、HXD3B型、HXN3型、HXD3C型机车以及对乌兹别克斯坦等出口机车车型的调试工作。

　　调试之路漫长而又曲折。张如意凭着百折不挠的毅力，拨开丛生的荆棘，终于成为一位独当一面的新型机车调试专家。

信念不能动摇

20世纪以来，中国铁路建设高歌猛进，铁路营运里程位居世界第二，高铁营运里程更是高居世界第一，中国高铁走在了世界前列。

铁路事业的发展对机车的设计和制造提出了更高的要求。中车大连机车车辆有限公司作为机车制造的龙头企业，更要及时顺应铁路事业的发展潮流，积极开展技术引进、消化、吸收再创新工作。随着技术创新工作的进一步深入，一批具有国际先进水平的电力、内燃机车应运而生。

2006年，"和谐号"大功率交流传动机车批量化投产并投入运营，这是我国铁路机车由直流传动成功迈向交流传动的标志，也宣告我国的机车技术达到了世界先进水平，机车装备现代化和机车装备制造业现代化发展迈向全新的历史阶段。这些变化也为张如意带来了更多的机遇与挑战，能否尽快掌握先进的机车技术，能否进一步提升自己的知识储备与实操水平，能否实现从技术骨干到技术专家的转变……这些现实问题摆在张如意面前，亟待解决。

　　"和谐号"机车投产之后，后续型号机车的研发与制造也在紧锣密鼓地进行着。"技术的发展比我们想象中的快太多了，可能你刚学会一种技术理论，还没来得及实操，新的技术就来了。"张如意坦言，刚开始接触新技术时，他感到非常受挫，不仅理论知识晦涩难懂，实际操作也变得更为复杂。张如意一度遭受打击，开始思考自己是否还要继续当一名调试工人。

　　"我能有现在的成就，真的要感谢我的师傅，如果没有他，我也不可能有现在的成就。"张如意口中的师傅名叫宗晓飞，是公司的一位老员工。宗师傅历经机车更迭，可谓久经沙场，他也是最先发现张如意有心事的人。他没有生气、没有责怪，而是带着张如意走遍公司的每条生产线。"师傅跟我说，有革新才是好事。机车得到发展说明我们的国家也在发展，只有国家发展得好，人民才有好生活。生产线上的每一个人都是为国家发展出力。要想成功，咱们的信念不能动摇。"在师傅的开导下，张如意重新振作起来，明确了前进的方向，再次全身心投入工作。

　　2006年，张如意参加了公司首台HXD3型国产化机车的调试工作。HXD3型国产化机车是一种全新的大功率交流传动干线客货两用六轴电力机车，采用了大量的先进技术，调试的难度相当大。为了更好地完成调试任务，张如意必须在短时间内掌握大量与之相关的理论内容，并且独立完成机车调试工作。

　　通过查阅技术资料、研究设计图纸，张如意对机车的设计理念和设计思路有了更深的理解，遇到难以解决的问题时，会将问

⊙ 张如意（前）工作照

题记录在本子上，向参与调试的外国专家和国内的设计人员请教，反反复复，直到问题弄清、弄懂为止。功夫不负有心人，张如意以最短的时间掌握了HXD3型机车的工作原理和技术性能，并在此基础上，勇挑大梁，担当起调试HXD3型机车的重任。

在HXD3型机车调试过程中，张如意如往常一般对部件的安全性进行排查，他敏锐地察觉到机车的风笛电磁阀存在缺陷。哪怕是零件上出现一道细如发丝的划痕，在高速运行中都会存在安全隐患，更何况是风笛电磁阀这样的核心部件。一旦机车在高速下运行，风笛电磁阀就会有烧损的可能，随之而来的将是一连串事故：如果烧损，将会导致机车控制保险断开，机车微机系统断电，甚至导致制动显示屏断电，从而造成机车紧急制动，无法继续牵引运行，后果不堪设想。发现问题后，张如意第一时间向主管技术人员反映，并且根据实际情况提出了风笛电磁阀的改进建议，成功避免了事故的发生。

在整个调试过程中，张如意始终工作在第一线，得到了其他调试人员和技术专家的一致好评。张如意并没有因为一次的成功就懈怠下来，他始终保持着严谨认真的态度，发现并解决了诸如机车主断路器无法闭合、无法加载、无法升弓等技术问题，并总结经验，防止问题再次发生。在张如意和一众工人的努力下，HXD3型机车顺利通过验收，成为国内机车家族的一员。

有舍才有得

作为发展中国家之一的缅甸，近年来经济持续增长，城市化进程不断加快，在一些大城市和主要交通干线上，交通拥堵问题日益显现。民众对高效、便捷的交通工具需求迫切。机车作为一种灵活、便捷的交通工具，正是缅甸国内迫切需要的。

我国作为机车制造的大国，拥有成熟的技术体系、完善的生产链条和丰富的市场经验，加之中缅两国经贸关系日益紧密，双方在贸易、投资、基础设施建设等领域的合作不断深化，中国向缅甸出口机车，不仅符合缅甸市场的需求，也有助于加强两国之间的经贸合作，推动双边贸易的发展。

机车完成调试后要到缅甸进行交车服务工作，这次出国交车任务繁重而艰巨。公司组建了交车服务团队，团队成员必须做好市场调研工作，充分了解当地的市场环境、消费者需求以及竞争态势。除此之外，他们还需要与缅甸的合作伙伴进行面对面的沟通与协商，建立长期稳定的合作关系。技术交流与培训也是此次出国的重要任务之一，团队成员将向缅甸客户展示中国机车的技术、实力和产品优势，同时对缅甸的技术人员进行培训，确保他

们能够正确使用和维护机车。毋庸置疑，这次的出国任务是一次
非常难得的机会。这时的张如意早已不见初入职场的青涩，在工
作上，他认真负责，以扎实的理论知识和丰富的实操经验带领车
间同事共同进步；在生活上，他乐于助人，和同事相处融洽，获
得领导和同事的一致好评。经过车间领导的商议，认为应该让张
如意担任此次交车服务任务。

得知自己即将作为公司代表之一前往缅甸，张如意久久难以
平复激动的心情。但当他得知公司正准备研制新车型时，他毅然
决然地放弃了出国的机会，并向上级领导如实说明了情况。领导
随即决定派遣另一名同事前往缅甸，张如意则留在公司，参与新
车的调试工作。

同事们都难以理解，纷纷猜测是什么原因让张如意放弃了这
次外出学习的机会，张如意本人却毫不在意，因为他知道这款新
型机车的生产意味着什么。新型机车是一辆专门为缓解铁路货运
压力研制的机车，动力强、技术新，荟萃了众多设计专家的努力
和付出。新型机车的成功研发将会为国家铁路货运再增一大助
力，今后的铁路货运事业将更上一层楼。

半年后，在HXD3型机车基础上，中车大连机车车辆有限公
司研制出了国内第一台9600千瓦大功率交流电力机车新车型——
HXD3B型机车。新技术的运用、新理念的实践，使这款车型的
调试难度大大增加。张如意搜集着相关的设计资料和理论文献，
一点一点地熟悉这款既令自己感到陌生又感到惊艳的新型机车。

⊙ 张如意工作照

"那段时间我天天加班，每天都要工作到凌晨1点以后，终于吃透了这款机车的内部构造和原理。"张如意回忆说，"看着这辆车从一个个螺丝、一块块铁皮、一根根电线逐渐拼合组装起来，我太自豪了。"张如意积极投入调试工作，样车制造结束后，他跟车前往北京。在中国铁道科学研究院里，HXD3B型机车通过了所有的测试，成功拿到了试车合格证。那一刻，张如意流下了激动的泪水，喜悦之情溢于言表。

在"舍"与"得"的选择上，张如意永远将国家利益置于个人得失之前。有人问过张如意："年轻人都想出国，你没出去，后悔不？"张如意却回答道："人要懂得什么是该舍弃的，有舍才有得。"

做"啃硬骨头"的人

在一次次迎难而上的过程中，张如意掌握了越来越多的技能，积累了丰富的经验，成为公司知名的技术能手。每当遇到新的挑战时，领导第一时间想到的就是张如意。

基于HXD3型电力机车的设计制造技术平台，我国研发出全新的六轴大功率交流电力机车——HXD3B型电力机车。2008年12月29日，首台HXD3B型电力机车在大连下线，并于2009年初在厂内进行调试。

"HXD3B是目前世界上单机功率最大的电力机车，比以往任何电力机车都更加先进。当领导把第一台HXD3B型机车调试的任务交给我的时候，我面对的挑战超乎预期。"张如意说道。

HXD3B型电力机车采用的是全新的机车设计标准、工艺流程和调试步骤，这对于习惯按照国内标准调试的张如意来说完全陌生。"我只能从零做起，一切重新开始，逐步学习国外的设计标准，熟悉工艺流程，掌握调试步骤。"面对巨大的压力，张如意并没有惊慌失措，而是将压力转化为学习和工作的动力，从头学起，从细节做起。

调试准备初期，工友们经常看见张如意忙碌的身影，对于他"拼命三郎"般的工作精神，工友们感到敬佩。凭借着努力与专注，张如意成了调试组最早啃下这块"硬骨头"的人，并全程参与HXD3B型机车的调试试验。

HXD3B型机车的调试试验让张如意大开眼界。当时，微机技术在国外的机车行业已经得到广泛运用，配合专用的软件，调试人员能够在几分钟之内完成机车传输模型的检测，并且判断出主变压器是否存在故障。而同时期国内的检测工具稍显落后，同样的工作，我们的调试人员需要拿着摇表在车上车下来回进行检查，哪怕是一台主变压器的故障检测都要耗费大半天的时间。两相对比，技术上的巨大差距给张如意的心灵带来了冲击，同时他越发坚定了学习这项技术的决心。"外国专家可以，我们凭什么

⊙ 张如意在调试机车

不会？我一定要把这项技术学到手！"张如意说道。

然而，学习的道路并非一片坦途，刚开始张如意就遇到了语言这道难关。参与调试工作的外国专家操着一口流利的英语，如何流利地和外国专家沟通，成了张如意迫切需要解决的问题。张如意想了很多办法，自学了英语口语，还通过手势比画，配合自己所知道的一些单词，尽量使外国专家明白自己的意思。除此之外，他还邀请其他会说英语的技术人员帮忙翻译。张如意调侃道："那段时间挺不容易的，不能流畅沟通，我就只能用手比画，好在大家都是技术人员，这种'手势法'还挺奏效的。"

张如意克服着语言上的障碍，抓住一切机会向他人请教，很快他就弄懂了微机检测工作原理，掌握了专用软件检测机车主变压器接地故障的方法，成为国内操作这项技术的第一人。张如意通过电脑软件分析机车变流器的网流、网压信号波形，发现了多台机车的变流器网流信号波动较大。经过进一步检查发现，变流器通往高压柜的插头和插座内屏蔽线在组装时没有处理好，故而造成网流信号的干扰。并且，张如意认为问题的产生与组装工艺之间存在联系，工艺部技术人员在张如意的建议下，对插头材质展开了研究，并在插头的制造与组装环节加强工艺管理，严格按照工艺要求，坚决杜绝此类事件再次发生。这项问题的发现与解决，避免了HXD3B型机车进行二次试运，同时也提高了机车的安全性。

张如意在参与HXD3B型机车的调试工作期间，还负责进行机车的低压试验，此项试验包含以380V交流电进行的风机试验。试验过程中，张如意发现打开冷却塔风机QA13和QA14空气开关后，库内电源的3个保险经常烧损，显示屏报告辅助变流器接地。经过查找，张如意发现如果库内电源接触器KM10与变流器3内的K503接触器同时闭合，那么变流器内接地点构成回路就非常容易烧损保险。发现问题后，张如意及时跟设计人员沟通，经过反复的模拟试验，发现是机车软件存在缺陷。设计人员及时联系了庞巴迪公司，升级了软件版本，避免在后期机车调试时出现保险再次烧损的可能，挽回了大量的经济损失，节约资金上百万元，也加快了机车的调试进度，为机车生产效率的提高和成本的节约作出了巨大的贡献。张如意因此多次受到公司表扬，并在年底被评为"公司级专家"。

在不断克服机车领域技术难关的过程中，张如意以刻苦的精神不断成长，最终成为国内机车调试领域的专家。

HXN3型机车横空出世

早在2005年，铁道部基于"货运重载，客运提速"的战略发展规划，同美国EMD公司签订合作协议，研制出了新一代交流传动柴油机车。同年，EMD公司科学技术部门与外贸部门同中车大连机车车辆有限公司展开全面合作，向其转让了最为先进的机车技术并共同开发HXN3型大功率交流传动内燃机车。

经过HXN3型机车设计部门的综合研究，最终敲定使用EMD公司的SD70Ace型内燃机车的电气系统，并且基于此项系统对机车的电路系统技术加以改进。

当HXN3型机车的调试任务交到张如意手里后，他立即找到HXN3型机车的售后服务人员，希望从他们那里了解机车运行过程中出现的问题，以便对症下药，提高调试效率。

根据售后服务人员反映的情况，张如意猜想机车制动系统可能存在问题。他召集公司里的调试人员，对机车进行拆解检查，最终发现机车电阻制动带发生过烧毁。这让张如意出了一身冷汗。作为一名资深的机车调试人员，他知道电阻制动问题在机车的运行安全方面有着举足轻重的影响，因此，张如意立即将问题上报，主动与机车设计人员对第13号机车开展了相关电阻试验，并且根据实验数据找寻温度上升的原因。由于车间条件有限，无法开展更深一步的检测，张如意一行人只能将温度上升点、试验记录和结论整理成文字材料上报。空气动力学专家经过研究发现了原因，其一是电阻制动间的侧网技术落后，导致通风降温效果低下；其二是风扇附近的支撑环本身作用不明显，且阻碍通风。技术人员同设计团队进行了现场检验，最终决定改装制动侧网，同时切割掉支撑环。这一改进极大地改善了电阻制动带附近空间的通风量，使得温度得以降低。在此之后，HXN3型机车的电阻制动带再未出现被烧毁的情况，机车的安全性得到了极大提升。

张如意没有想到，时至今日，HXN3型机车仍是国内外同类产品中技术最先进、功率最大的节能环保型内燃机车。能取得这样的成绩，离不开张如意和广大机车工作者的辛勤工作。

困难重重，不断探索

HXD3C型电力机车是在HXD3型和HXD3B型电力机车基础上研制的交流传动六轴7200千瓦干线客货通用电力机车。这款机车是"和谐型"交流传动电力机车系列中，首款适用于客运的车型，它的投入运营弥补了当时我国数年无客运新车的空白。

2010年7月初，首台HXD3C型机车在大连下线，随即进入厂内进行调试。张如意参与了该车的耐压调试工作，调试过程可谓一波三折，出现了大量的故障和问题。首先张如意发现，机车在网下调试时升弓，闭合主断后TCMS微机显示屏会报告APU2接地、APU不动、APU频率异常的情况。张如意尝试切除APU2只投入APU1，重新闭合主断后还是不行，断电重启后故障依旧存在。按照正常情况，两组变流器同时出现故障的概率很低。由于报告显示APU2接地，张如意把所有大线重新摇到绝缘情况下再次检测，结果大线对地阻值都达到了合格标准。张如意又根据电器原理图把两个辅助变流柜的低压控制线重新校对了一遍，发现APU1CN5插头内少了一组短接线。张如意以为找到了问题所在，但当他将线重新接好，满怀欢喜地重新试验，故障再次出现了。

当他用万用表校对由APU1、APU2到各个负载的大线时，发现有一组大线交叉错接。经历了前一次的失败，张如意越发谨慎。为了确认自己的判断是否正确，他将变流柜到滤波柜再到控制电器柜的所有大线一一拆除重新校对，终于发现控制电器柜内接触器上的113和213线出现了"一线两号"问题。随即他联系了技术人员进行记录，自己则将电线更换至正确位置。怀着忐忑的心情，张如意再一次开展了试验，这一次的试验结果一切正常。

在调试过程中，张如意始终以谨慎的工作态度查找故障原因，在此基础上，他还提出了一系列建设性的改进方案，极大地提高了机车的生产效率。

从源头解决问题

2013年，中车大连机车车辆有限公司根据铁路货运需要，在HXD3C型电力机车的基础上研发了HXD3C货运型机车。为了满足车辆使用的需要，设计者们对原有的HXD3C型机车的车内电路进行了改动，但是这些改动影响了机车系统的兼容性，由此引发了调试过程中的一系列问题。

第一次在HXD3C货运型机车上进行上电试验时，工作人员发现通电后大多数用电机器都没有电，车上的重联电话、过电流继电器没有任何反应，这让工作人员感到十分困惑，纷纷猜测到底是哪里出了问题。大家焦头烂额之际，张如意思索片刻后猜想是电源总控制线出了问题。他的猜想得到了大家的支持——只有源头出了问题，才会导致各分电器都出现断电故障。张如意立刻带领几位调试工人检查电源的总控制线，错综复杂的电线增加了他们的工作难度，所有人必须沉下心来细致检查。在检查控制电器柜时，一根线号为355的电源线吸引了张如意的注意，经过测试发现，这根电线在通电后并无电流流过。

这异常的现象似乎宣告着断电问题的症结就在此。为什么原本正常并且经过实际测试的线路会失效？一团乌云笼罩在众人心间，张如意联想到机车改造的前后过程，立刻询问设计人员机车电源型号是否有更改。询问后发现原有的HXD3C客货通用型机车使用的是DC600V电源，新型HXD3C货运型机车改用了AC380V电源，电源的改变意味着电路设计必然不同。设计人员忽略了改变设计后355号线可能产生的问题，依旧按照原有的线路和方式进行连接，从而导致355号线的接触器处于悬空状态，供电部分和用电电路没有连接。

确认故障原因之后，张如意马不停蹄地同研发部门和设计人员一起商讨解决办法。为了彻底解决这一问题，张如意提出由设计部门将这一部分的电路重新设计，这一提议得到了所有人的支持。经过重新设计和接线，相关的通电测试显示一切正常，机车终于达到了出厂标准。正是张如意等工程技术人员在工作中的严谨负责，让问题发现得早、解决得快，避免了机车设备出现大规模返工的情况，在提高工作效率的同时也避免了资金的浪费。

站好最后一班岗

HXD3C型机车的调试工作顺利完成后，张如意顾不得休息，立即投入HXD3D型机车的调试任务中。

HXD3D型机车是在铁路部门亟须缓解机车使用压力的情况下研制的。时间紧、任务重，设计和生产的时间被大大压缩，这导致进入调试阶段的样车频频出现问题，故障率一度高于平均值。张如意作为机车调试和检测人员，是名副其实的机车安全守护者，不敢有一丝一毫的松懈，务必要排除所有威胁机车安全运行的问题。为了弥补机车设计和生产时的不足，重担再一次压在了张如意的肩上。

"我们的工作关系到机车的运营安全，必须慎之又慎，容不得一点儿马虎和纵容。"张如意始终沉着冷静，发扬着坚持不懈的工作作风，以极强的责任感投入试验中，对测试数据进行反复校对，力求精益求精。

⊙ 张如意在进行机车调试

风机测试是HXD3D型电力机车调试工作不可或缺的一部分。风量大小对于风机方向产生的影响，是风机测试工作状况的重要依据之一。张如意不敢有失，亲自上手反复验证，确保风力与风机的作用关系保持正常。升弓压力也是检测的重要部分，数据必须保持在标准范围内，哪怕在严苛的条件限制下都不能超出范围，否则可能导致难以挽回的后果。升弓试验的过程中，张如意的眼睛没有离开过机车的显示屏，对于任何与标准不符合的数据都进行了记录和整理。

一旦有故障出现，张如意一定会以最快的速度赶到现场检修，将具有典型性或者频发的难题记录在案。他还会同设计人员和专家进行研讨，有时也会进行现场勘查，争取将问题彻底解决。张如意孜孜不倦地学习书本知识，不断弥补自己的理论缺漏。他还善于将工作和学习相结合，时常总结经验，并勤加整理。知识积累的同时将理论运用于实际工作中，形成了良性循环，张如意从中找到了一套适合自己的"知识+实践"体系。

厂内调试完成，紧随其后的就是HXD3D型机车的试运。机车的试运是对机车性能和行驶状态的实际检测，是机车正式运营前必须进行的程序，对于机车的安全运行具有重要的意义。

机车在试运过程中，往往会暴露一些问题，调试员需要根据问题对症下药，争取试运一次就使机车达到安全运营标准，避免二次试运，从而节约资金。这就非常考验机车电工的业务能力。在HXD3D型机车7号车的试运过程中，张如意发现机车的电机出现了故障。当机车速度达到每小时80公里时，4号电机显示电机过流，继而失效，使得接触器掉载。张如意根据经验猜测，此次故障是电机频率传感器故障导致的，但是他没有武断地凭经验下结论，而是亲自爬到机车底部检修。车底空间狭小，张如意甚至不能自如转身，但他依然坚持在这狭小的空间内，手动对调4号电机和5号电机的主线。然而故障信息又从4号电机转到了5号电机，这时在场的工作人员一致认为有可能是频率传感器和线路出现问题，但是解决方法却愁煞众人：如果运营过程中修理电机，电机就可能损坏，耽误试车进度。

张如意是现场唯一一位调试专家，他立即同公司联系，要求将新的频率传感器送至试验路段。同时，他还想到了线路故障的可能性，立即钻到车底，重新接线。当频率传感器被重新安装，线路也重新铺设后，故障依旧存在，大家只能重新进行检查。这时候张如意想到，如果频率传感器和电路都是正常的，那么问题就应当出现在电机自身，只有电机出了问题，才能够解释这一系列异常现象。在对电机进行全面检查之后，证实了张如意的猜想。更换电机之后，实验数据和运行状况全部恢复了正常。

张如意利用自己积累的经验和知识，成功地化解了一次由于电机异常造成的故障，避免了重复试运带来的经济损失，同时还保证了机车运营的安全性，避免了可能出现的重大事故，对该项目的推进和公司的发展作出了重大贡献。事后，张如意感慨道："我完成了为机车站好最后一班岗的使命，没有辜负公司和领导的信任。"

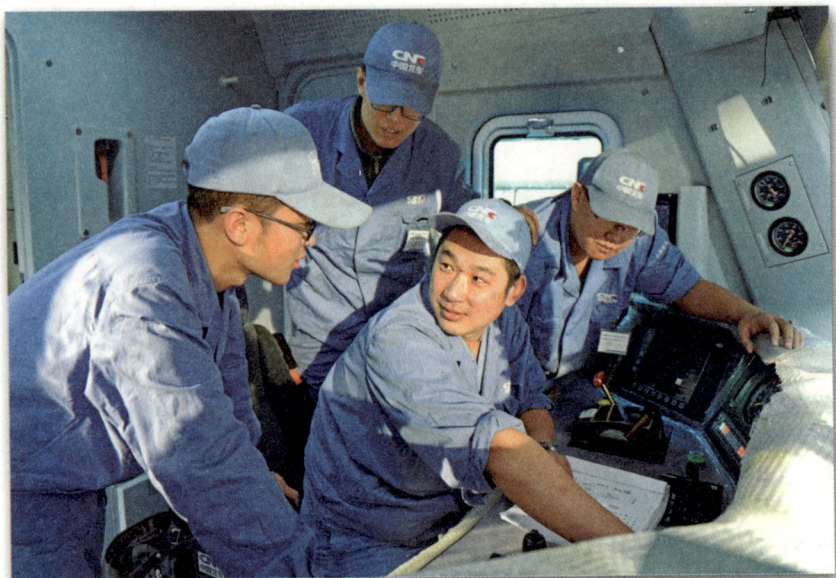

⊙ 2013年，张如意（右二）在HXD3C型机车上培训员工

第五章　从高原走向世界

扫码解锁

◉群英颂歌◉匠心追梦
◉技能报国◉奋斗底色

我国幅员辽阔，仅陆地面积就达960多万平方公里，辽阔的疆土涵盖了平原、高原、山地、丘陵、盆地等五种地形。随着新疆、西藏地区经济的不断发展和人民生活水平的提高，传统的交通方式已经难以满足人们的出行需求。高铁作为一种现代化的交通工具，以其高速、安全、舒适的特点，成了人们出行的首选。边疆人民对于快速、便捷的交通方式有着迫切的需求，以铁路连接边疆地区的任务迫在眉睫。

西藏、新疆地区的复杂地形与气候增大了轨道铺设的难度，同时也大大提高了机车建造的要求。由于高原车特殊的运营环境，中车大连机车车辆有限公司对于车辆运营的安全性十分重视，试运营更是慎之又慎、精益求精。张如意和团队成员远赴边疆，克服重重困难，为机车安全运营提供保障。HXN3型机车与HXN3K型机车试运营的成功对于所有人来说都是值得纪念的，更是值得骄傲的。

中国机车事业逐步向外拓展，同其他国家展开紧密联系。不仅将中国产品输送至世界各地，更将中国的雄厚实力展现给世界。

"天路"飞架高原，山野皆通途

我国高原面积占全国土地总面积的26%，以铁路连接高原与各地区是大势所趋。早在20世纪50年代，我国就开展了高原铁路的建设。进入新时代，原有的老式机车已经无法满足高原铁路的运营需要。为提高高原铁路运营效率，达到并超越国际高原机车平均水平，中车大连机车车辆有限公司开始研发新一代高原过渡型机车。

这类机车虽然属于内燃机车范畴，但自主化应用程度很高。我国在该车型的研发方面技术并不成熟，长期以来，调试过程中存在许多"顽疾"亟待解决。

2014年，中车大连机车车辆有限公司负责调试HXN3型交流电传动高原内燃机车。通过厂内测试之后，该型机车需要前往高原铁路进行适应性试验，试验路段为具有高原铁路代表性的拉日铁路和青藏铁路。

张如意作为专业调试人员，随机车前往西藏，为机车的试运营保驾护航。火车从大连出发，由东向西跨越祖国地形的"三级阶梯"，一路领略祖国大好河山。这既是国产HXN3型高原机车的初生之行，也是张如意等机车工人向着中国机车未来发展的"朝圣之旅"。对于HXN3型高原机车，张如意和同事们的内心充满自信和期待，同时也夹杂着些许紧张，这毕竟是一款全新的机车。技术和硬件设施是否能够经受住高原环境的考验？机车能否顺利运行？自己是否能够适应高原环境，走完试运营全程？这是张如意一直思考的问题。

当时正值夏天，张如意一行人抵达雪域高原。对于长期生活在渤海之滨的张如意来说，西藏的风土人情无疑给了他新奇的体验。刚刚驶入藏区，张如意便将眼睛贴到了窗户上，映入眼帘的是洁净的蓝天、皑皑的雪山、广袤的草原、高耸的山峰。张如意真切感受到世界屋脊给他内心带来的澄净。

这列尚在试验阶段的HXN3型机车是青藏铁路延长线上迎来的首列列车。当列车驶过，成群的牦牛抬头望着，受惊的藏羚羊奔向远处，却又在半途驻足，回头观望这条"钢铁巨龙"。对于一名机车工作者来说，高原的风景固然美丽，但是机车启动的场景是最令他们兴奋的。张如意说："我是一名'机车迷'，我最喜欢看自己调试的机车奔驰的样子，我的激情永远都会在机车运行时被点燃。"

当亲身站在HXN3型机车的试运营路段时，所有人都为机车和调试人员倒吸了一口凉气。青藏铁路——世界上海拔最高的铁路，HXN3型机车的试验路段就在它的首条延长线——拉日铁路。在这里，高寒缺氧只是最基础的环境特征，地热温度过高、高海拔地区风沙侵袭、内燃机车牵引隧道过长，三项机车领域著名的世界性难题在这条试运营道路上齐聚，试验难度可想而知。但是，"天路"飞架高原，自是为了山野皆为通途，如今岂能被困难击倒，留下遗憾？

"每遇大事有静气。"这是同事对张如意的褒扬，当其他人对于新环境中的试运营无从下手时，张如意沉着冷静地制定了整套试验步骤，带领大家完成工作。

在负载试验开始前，张如意从设计部门拿到了机车的整套设计图纸，埋头钻研机车的设计思路，标明故障险情的易发处。在试验过程中，张如意参照图纸，使用万能表依次排除故障。负载接地是高原车试验的棘手问题，在HXN3型机车的自负载和外负载试验中亦是如此。经过分析，张如意觉得导致负载接地的原因多种多样，想要彻底解决，必须一一检查相关的设备、程序。他将导致故障的可能性全部列举出来，形成了文字材料，按照材料一点点排查，并详细记录排查的步骤和情况。

日夜颠倒的作息持续了2天，张如意的汗水和辛苦没有白费，他终于发现了导致负载接地故障的原因——车辆内部BKB、BKE两组线连接错误。张如意特地重新检测了相关数据，认真整理了自己的工作笔记，并将笔记分享给其他同事，从而提高了后续车型负载接地相关问题的检测和解决效率，为加快项目进程作出了重大贡献。

永远压不倒铁打的机车工人

HXN3K型快速客运内燃机车是由中车大连机车车辆有限公司研制的新型机车，具有速度快、功率大的特点，它的研发填补了我国在大功率交流传动机车领域的空白。

该型号机车的首组机车HXN3K-0001A+0001B于2016年7月在大连接受调试，负责调试的正是张如意。同月，首组机车下线进行各项检测，机车状况良好，达到合格标准。

鄯善县属吐鲁番市，地处库木塔格山北麓，西临火焰山，北接天山山脉，南部多戈壁，全境为温带大陆性气候，夏季炎热干燥。机车抵达时正是鄯善县一年中最为炎热的日子，正午气温最高可达38℃。

大连与新疆相距3800公里。抵达新疆时，调试团队已奔波数日，每一位成员都疲惫不堪，高温的炙烤让人倍感不适。还未到测试时间，团队里已有人出现中暑症状。张如意不得不一边准备调试，一边照顾团队成员。

这样严酷的地理环境和气候条件虽然能够全面检验机车性能，但也会给机车试运营带来严重阻碍。机车在试验过程中常常因高温出现故障，不得不暂停试验，进行排查。

在半个多月的时间里，HXN3K型电力机车经历了多项严格测试。张如意的任务就是保证机车在试验中的各项检测数据在正常范围内，但是这项试验需要机车的柴油机在高速情况下连续运转，不可避免地会产生噪声。长期在高噪声的环境中工作，对人的身体会产生危害。彼时的张如意，已经在机车调试岗位身经百战，自然不会被这点困难击垮，在没有专业防噪声设备的情况下，他依旧冲在第一线，以惊人的毅力坚持测试。

在近一个月的调试时间里，张如意和同事们努力克服酷暑带来的不适，虽然工作烦琐而艰巨，但在机车顺利完成试运营的瞬间，每位调试人员都感到无比兴奋和满足。工作的苦和累可能会压倒常人，却永远压不倒铁打的机车工人。

开拓海外市场

近年来，随着机车技术的不断发展，我国的机车公司逐步开拓海外市场。先进的技术、低廉的价格……众多优势使得中国机车在国际市场具有很强的竞争力。迄今为止，我国的机车公司已经向刚果（金）、安哥拉、澳大利亚、阿根廷、泰国等国出口机车产品。

随着我国机车"走出去"的步伐加快，要想国产机车的国际市场得以持续健康发展，就必须保证出口产品的品质。这对国内机车研发、制造人员的技术要求相应提高，机车调试人员肩上的担子也更重了。

张如意所在的中车大连机车车辆有限公司多年来积极开展对外交流与合作，向国外出口多批次、多样化的机车产品。公司领导非常重视出口机车的质量水平，亲自在公司内部选拔了一批包括张如意在内的技术专家负责机车调试，要求机车出厂时不能有一丁点瑕疵，坚决不能损害我国机车行业的整体形象。张如意和同事们严把机车出厂的最后一道"门"，充分发挥着自己的"机车诊治"技术，任何隐匿难寻的问题都逃不过他们的"法眼"。当别人遇到无法解决的问题时，都会请张如意帮忙。在同事们眼里，别人一个小时都解决不了的问题，到他手里十分钟就能搞定。

2007年6月8日，在刚果（金）中部集团技术改造电传动内燃机车的国内招标项目中，中车大连机车车辆有限公司成功中标。这是中车大连机车车辆有限公司自1997年向尼日利亚、坦赞铁路局出口机车以来，第三次进入非洲机车市场，此次机车出口对于增强我国机车对非洲的影响、开拓中非机车贸易具有深远的意义。张如意参与了该批次机车的调试工作。经过对机车未来运营环境的分析，综合专家给出的建议，调试团队决定加强机车水阻测试。在试验中，测试人员无论使用什么技术手段，机车的励磁功率都达不到出厂标准。众人一筹莫展，只好请来张如意进行二次检测。张如意排除了机车线路故障等原因，最终确定在设计时电阻选型过小，不能满足机车的所有运行需要。调试团队带着检测结果找到设计人员，双方进行了细致的沟通，一致同意更换更大的电阻，彻底解决励磁功率的问题。发动机试车试验时，技术人员先后多次尝试都无法使电机运转。通过检测发现，机车的牵引电机电流过小，但是该款电机此前经过多次检测，质量符合上车标准，不应该出现这种情况，那么问题出在哪儿呢？张如意猜想，既然电机质量没有问题，那么问题最有可能出现在与电机相连的其他部分。他立刻安排检测人员顺藤摸瓜查寻故障位置，最终发现是机车电器柜内的铜排连接方式错误导致的。故障问题的及时排查避免了后续机车生产发生重复错误，为该批出口机车的生产任务赢得了时间，确保按时交付给用户。

凭借着技术优势，中车大连机车车辆有限公司自2008年开始大力开拓乌兹别克斯坦市场，并于2011年首次同乌兹别克斯坦铁路交通部门签订出口合同。因机车质量优良，乌方此后又分三次采购大连机车，采购的车型中最大牵引功率达到14400千瓦，最大时速达到每小时120公里。目前，中车大连机车车辆有限公司对乌出口的机车已承担起该国70%的货物运输任务。

国外用户对中国机车的支持与信任，离不开广大机车工作人员十年如一日的勤勉工作。

第六章　荣誉加冕，矢志不渝

扫码解锁

◉群英颂歌◉匠心追梦
◉技能报国◉奋斗底色

"我热爱也珍惜现在的工作。因为热爱，所以执着。我没有停下脚步，而是继续追求更高的目标。"入职二十余年，张如意始终保持着"执着而奋进，好学而严谨"的态度，在工作与学习中不断前进。

张如意的领导这样评价他："张如意是青年技术工人岗位的明星，是技术大腕，是个正能量满满的'80后'，更是一面旗帜。在他的影响下，一批批青年职工用热血铸就着青春，用无私的奉献延续着中国机车的辉煌。正是因为有了他们，中车大连机车车辆有限公司这个具有百年发展历史的老厂才焕发出勃勃生机，谱写出公司改革发展、大连机车走向世界的华丽篇章。"

在中国北车集团有限公司组织的技术技能竞赛中，张如意一路过关斩将，最终取得第六名的好成绩。他刻苦踏实工作，始终站在调试第一线，终成劳动模范，实现了儿时的愿望。荣誉加身，是对张如意技术水平和工作态度的肯定，但他并未因此骄傲，依然在自己的岗位上发光发热。

勇夺桂冠，步履不停

2011年，中国北车集团有限公司为了鼓励从业人员提升技术水平，举办了第五届技术技能竞赛暨第四届青年职业竞赛。

得知消息后，公司领导决定推荐张如意参加比赛。张如意觉得自己的业务水平还有待提高，没有资格代表公司参赛。纠结良久，他将心里的困扰告诉了父母，父亲语重心长地说："比赛的最终目的不是得奖，是在过程中收获经验。"父亲还鼓励他把握机会、敢于尝试，这样有助于了解自己同他人的差距，对自己也是一种鞭策。张如意认真考虑了父亲的意见后，积极准备参赛。

正是因为平日里勤奋好学，阅读了大量的专业书籍，张如意轻松地通过了第一场理论考试。第二场是故障排查，主办方提前布置好机车模件，模拟出可能产生的故障问题，参赛者需要在极短的时间内进行排查，找出故障原因，提出解决方案。这是张如意的日常工作内容，因此他十分熟练，率先发现了问题的关键，经过一番思索，提出了解决问题的方案，得到了评委的肯定。最后的比赛科目是实操，包含配电路盘、焊电路板等多个环节。张如意毫不慌张，按部就班地进行操作，同样轻松过关。张如意说："这些比赛项目都是我平常接触的，在工作中必须慎之又慎，绝对不能有任何问题，在比赛中反而轻松了，所以我能够轻松完成。"张如意以稳定优秀的发挥顺利完成三场考核，取得第六名的好成绩，荣获"中央企业技术能手"和"中央企业青年岗位能手"的称号。经过这场比赛，张如意在行业内名声大噪，人人都知道中车大连机车车辆有限公司出了个技术能手。

张如意获奖的消息很快就传回了公司，同事们早已在厂房内贴上了大红喜报。待张如意回到公司，工友们纷纷围了上来，夸奖他技术高超，向他请教提升技术的方法。工友们的热情使不善言辞的张如意有些不好意思，显得格外拘谨。人多时，张如意不好意思看向喜报，只敢用眼睛的余光瞟一眼。等同事们下班后，他才走到通知栏，细细品味着喜报上的每一个字，心里美滋滋的。

技能竞赛获奖并不是张如意的最终目标，"我心中有自己的目标，我最佩服和羡慕毛正石、刁培松这样的大师级人物，我的目标就是成为他们那样的大师。"张如意说。毛正石、刁培松是中车大连机车车辆有限公司的"机车大师"，曾多次参加重点型号机车的调试工作，均取得圆满成功。他们是张如意一直以来的榜样，更是张如意渴望成为的人。看着代表胜利的喜报，张如意暗下决心，一定要成为和他们一样的真正的技术大师。

愿望成真，最年轻的劳模

张如意早已是公司内部的知名技术骨干，他将全部的精力投入工作当中。调试工作是机车出厂前的最后一道工序，也是至关重要的一道工序，衡量这项工作成功与否的关键就在于出厂机车的性能是否被发挥到了极致。调试环节的工作无疑是复杂的，交叉错杂的线路、细小精密的零件，无不考验着调试者的耐心。但是张如意从未在工作中焦躁过，他的身上有着超出常人的勤奋、踏实。因为机车的系统性，在处理问题时要检查其他工序和整体连接情况，工作非常烦琐。即便如此，张如意也从未将检查出的问题和故障留到第二天，故而他经常忙到没有时间好好吃顿饭。

2013年，为响应国家加快铁路建设的号召，中车大连机车车辆有限公司准备生产286台HXD3C型电力机车。为了项目建设能够快速稳步推进，公司全体员工展现出了极强的集体荣誉感，勠力同心，团结奋战，誓要将这286台机车按时按量交付。

在这段时间里，张如意一刻也不曾放松。为了工作，他在厂里打起了铺盖，工作在车上，生活在车上，为按时完成任务，他甚至放弃了所有节假日。"每当在工作中遇到困难，或发现自己松懈时，我都会提醒自己，因为我要守住最后'一道门'，一定要严谨负责、敢于吃苦。"张如意说道。正是有着这样坚定的理想信念，张如意才能一直保持高昂的工作状态，这让公司里的其他员工都敬佩不已。

在完成自己的工作的同时，张如意还会热情地帮助其他同事完成任务。久而久之，大家都知道调试车间的张师傅是一位热心肠，遇到难以解决的问题可以向他求助。张如意明白，大家向自己求助是出于对自己的信任，也是因为大家都有一个目标——确保机车能够以最好的质量出厂运营。因此，张如意在自己力所能及的范围内，会尽力帮助大家解决问题。即便遇到自己能力范围以外的问题，他也会通过查询资料、向专家请教等途径为同事寻找解决办法。

帮助他人使得张如意十分开心，"得到他人肯定和赞扬的时候，我非常有成就感，我会觉得自己离成为'机车大师'更近了一步，也离成为'劳模'的梦想更近了一点。"

张如意的工作精神，不仅激励了刚进厂的年轻人，也使前辈工人感受到年轻一代的巨大力量。2013年2月28日，这是张如意永远也不会忘记的日子。在这一天，公司授予张如意"劳动模范"称号，张如意成为本年度公司最年轻的劳动模范。

当劳动模范的绶带佩戴在身上时，张如意仍有一些不真实的感觉。亲手捧着红艳艳的绶带，他激动万分，回想儿时立志，后考入技校学习，后来进入公司成为技术骨干，再到如今成为劳动模范，他感到无比自豪，"我终于实现了儿时的梦想，成了真正的劳模！"张如意小心翼翼地将绶带收好，带回家里，将喜悦分享给父母。

献礼党的95岁华诞

2016年7月1日，是中国共产党95岁华诞。为庆祝这一值得纪念的日子，沈阳铁路局提前向中车大连机车车辆有限公司采购了一辆HXD3D型电力机车，以中国共产党成立的年份"1921"作为该车的编号，并将其命名为"共产党员号"。该车意义重大，必须在7月前完成所有检测工作并交付使用。面对严峻的任务和紧迫的时间，必须挑选出一位具有较高技术水平和优秀组织管理能力的员工，担负起机车的调试和验证工作。组织上查阅了具有相应水平的人员名单，最终将这项光荣的任务交给了身为共产党员的张如意。

为确保机车在后续运行过程中的安全性，技术部门按照指示将"共产党员号"机车的工艺要求进行了调整，在原有的工艺技术上再升级。张如意接受任务后，认识到此项工作的特殊性，不敢有丝毫懈怠，即刻带领团队成员投入工作。

因为张如意曾参与HXD3D型机车的调试工作，具有一定经

⊙ 上图 2016年9月，张如意和HXD3D1921"共产党员号"机车合影
⊙ 下图 2017年9月，张如意和HXD3D1886"朱德号"机车合影

验，机车的设计思路和调试难点都牢记于心，所以他临时充当起"老师"的角色，将自己以往收集的资料和工作笔记整理成册分发给大家，并连夜为团队成员讲解HXD3D型机车的相关知识，确保每个人在上车操作前对车辆、车型有充分的了解。

预留用于调试的时间非常紧张，机车来到调试车间的第一时间，团队成员便开始紧锣密鼓地安排调试工作。一向腼腆温和的张如意却给参与此次调试任务的人员下达了最高要求：不留死角，最高标准。在张如意的要求下，调试团队对每一处细节都反复打磨，任何异常的测试数据都会认真检查，确保排除所有隐患，使机车安全出厂。

张如意带领同事们圆满完成了这项光荣的任务，代表着全国数百万铁路机车从业人员向党的95岁生日献礼。

次年8月，为庆祝中国人民解放军建军90周年，中车大连机车车辆有限公司向哈尔滨铁路局交付了一辆HXD3D型机车。这辆机车是以中国人民解放军奠基者和开国元勋朱德元帅的生辰年份"1886"作为编号，并被命名为"朱德号"。由于在"共产党员号"机车调试任务中表现出色，领导将这次任务又交给了张如意。张如意没有辜负期望，带着一支由精兵强将组成的队伍，实现了"朱德号"机车的6次换型要求，圆满完成任务，确保机车按时交付。

第七章　脚步不停，百尺竿头更进一步

扫码解锁

◎群英颂歌◎匠心追梦
◎技能报国◎奋斗底色

荣誉加身，张如意并未止步于此。"我算是刚入门，要学习的东西还有很多。"张如意十分谦虚，始终保持着好学奋进的心态，坚守在机车调试岗位上。

为加强行业内部交流合作、推动我国机车制造行业的可持续发展，中车集团下属公司联合展开"技术共享"交流活动。在公司领导的推荐下，张如意作为调试负责人，带队完成由中车大同电力机车有限责任公司研发的HXD2型机车的调试工作。

2018年，中央财经委员会第三次会议上决定全面启动川藏铁路的规划建设工作。当"复兴号"高原双源动力集中动车组的调试工作通知下发到张如意手上时，他甘愿放弃春节休假，坚守工作岗位，全程跟踪机车的各项试验。

2021年5月，张如意参加了"澜沧号"的调试工作，见证了中老两国团结互助的国际友谊。2021年12月3日"澜沧号"动车组正式通车，仅仅一个月，就取得了运营57万公里，运送旅客71.6万人次的优异成绩。

张如意陪伴着中国机车逐步发展，中国机车见证着张如意一路成长。

八轴机车，矢志攻克

百般发展，创新为先。创新是推动社会进步和经济发展的关键动力，要使我国机车制造行业长青，仅仅加强技术研发与投入还远远不够。各单位、企业更要建立紧密的合作关系，不断激发创新活力和潜力，推动技术创新与成果转化。

技术共享在此刻显得尤为重要。企业间的技术共享不仅能将先进的制造技术快速传播到整个行业，让更多企业得以提高自身的生产效率和技术水平，还有助于打破技术壁垒，促进行业内的技术交流与合作，推动整个机车制造行业的进步。基于此，中车集团下属公司联合开展"技术共享"交流活动，共同攻克技术难题。

此次活动中，中车大连机车车辆有限公司需要完成由中车大同电力机车有限公司设计研发的新型机车——HXD2型电力机车的调试工作。这种时候，必须由技术过硬、能挑大梁的调试人员为机车的质量把关。因张如意多次圆满完成公司交予的重点项目，从未出现纰漏，且理论知识和实践经验丰富，公司领导推举他为这次大同八轴机车调试工作的负责人。

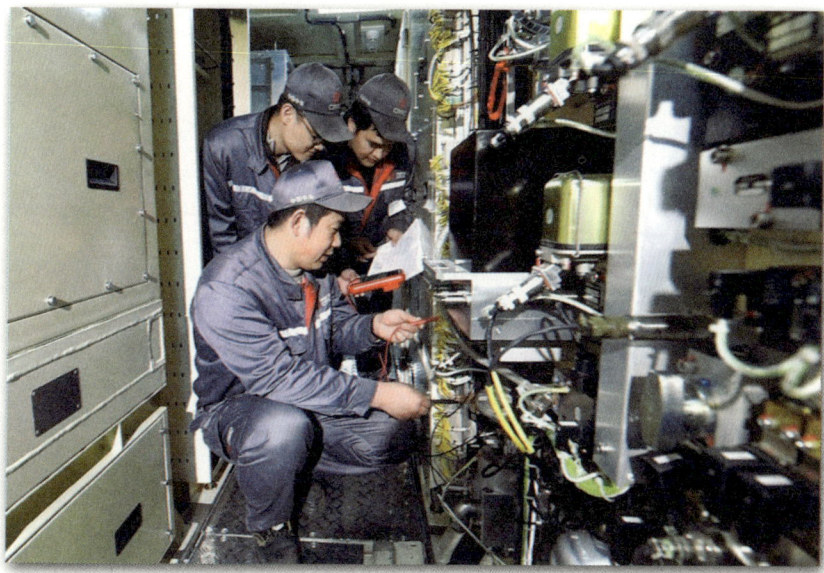

⊙ 2019年4月，张如意（前）调试HXD2型机车

张如意接手机车的各项资料时，就意识到这次工作的艰巨性是前所未有的——该车的设计思路借鉴了阿尔斯通公司PRIMA系列机车，并在此基础上融合了国内机车先进技术，实现了机车设计和制造的创新。机车的设计理念较先前也有了很大改变，设计图纸的绘制、使用习惯也不同往常，原理图和器件都有缺失或损坏。

这些问题给调试工作增加了很大难度，即便是身经百战的张如意，也无从下手。好在，张如意及时调整了心态，同团队其他成员一起商讨本次任务的工作流程。首先，张如意询问了机车的设计人员和制造人员，核对具体的工艺规范。在了解机车每一处的工艺规范后，张如意带领大家开始了前期的排查工作，将缺损的设计图和零部件记录在案，随后同设计和后勤部门沟通，补齐材料。

调试工作正式开始后，张如意本着边学边干的态度，将不懂的问题记录下来，向八轴机车的设计人员请教。他还组织调试团队和设计团队面对面交流，帮助调试人员更好地了解、掌握八轴机车的设计原理。在为期一个多月的调试工作中，张如意几乎每天都在加班，即使下班回到家，也要在桌前坐上几个小时钻研图纸，力求找到调试的最佳方案。功夫不负有心人，经过不懈努力，张如意带领的调试团队顺利完成了这次大同八轴机车的调试工作。

张如意将自己的工作笔记加以整理，其中包括了此类机车的设计思路、未来发展建议等内容，并将其分享给参与此次项目的工作人员，就此展开一场有关八轴机车的复盘交流，为同类型机车的发展提供了宝贵的建议。

冲刺！"复兴号！"

2018年，中央财经委员会第三次会议上决定全面启动川藏铁路的规划建设工作。

随着川藏铁路建设进展的加快，"复兴号"高原双源动力集中动车组的研发调试也被提上了日程。该型动车是中铁集团为西藏自治区拉萨市到林芝市路段量身定制的一款机车，由中国国家铁路集团牵头，联合包括中车株机公司、中车大连公司、中车浦镇公司等多家公司共同研制。该型机车首次采用"内燃+电力"双动力的牵引模式，双源功率均达到了最大值，在高原和平原地区也能保持良好的运营状态。同时，为适应高原地区高寒缺氧的特殊环境，设计人员采用了整列一体化设计，专门升级了通风供氧系统，从而提升旅客的乘车体验。

2021年春节前夕，"复兴号"高原双源动力集中动车调试工作的通知下发到张如意的手上，要求张如意及调试车间的其他同事随时待命。平日里工作繁忙，张如意很少有时间陪伴父母，只有春节假期能好好陪陪二老。收到通知的张如意内心十分矛盾，但他明白，这个春节自己恐怕不能陪在家人身边了，既然收到了调试任务通知，自己必须全心全意地投入到工作当中。大年三十晚上，车间外灯火通明，处处洋溢着过年的喜悦，张如意依旧坚守在岗位上，起草着机车试验流程。

2月25日，川藏动车的调试工作正式开始。这次调试工作的难度陡增，不仅仅是因为预留时间过短，更是因为为保障春运顺利进行，大部分技术人员被调往前线，厂内可调动的技术人员严重不足。为按时完成任务，调试人员主动放弃春节假期，开始了两班倒，人员轮流休息但工作不停。

由于川藏地区地理环境复杂，机车实施了多处改动，导致现有的设计图无法和机车完全匹配。张如意深知改动的部分才是决定调试工作能否顺利完成的关键，他立即翻找资料，完善现有的材料，对于不符合图纸或是设计不合理的地方加以标记，再同设计人员沟通，寻求他们的意见，及时修改，防止调试工作中出现麻烦，极大地提高了工作效率。张如意在完成当下工作的同时也为后期机车批量生产工作提供了保障，提高了生产的安全性，减少了资金浪费。

调试中出现的问题远不止这一项，张如意发现机车的配套元器件也出现了问题。经过了解得知，厂家对于新机车的设计不熟悉，有的工厂依然按照原有的标准提供配件，有的工厂生产线仓促改动，导致配件的程序和线路出现问题。为保证工作进度，张如意安排一组人员专门负责登记不合格配件，指出问题所在，并同厂家沟通协调，以最快的速度进行调换。

机车试验过程中，张如意全程跟随，并以自己丰富的理论知识和调试经验，为各项试验提供了有效、权威的指导。在检验微机柜时，张如意根据仅有的资料，敏锐地判断出微机柜D16二极管被击穿了。同事们立即排查了相关机器，发现是微机柜内线路插头、插座定义不一致，造成正负线短路，从而烧损了二极管。张如意将问题进行反馈，机车的微机柜在改动后再没有出现此类问题。这一发现，为后续机车的调试指明了重点，保证了车辆调试检测的细致化，也加快了调试的速度。

由于时间紧迫，以往先查找故障并解决问题，再次检验合格后进行交付的流程不再适用。为了保证工程进度，不耽误国家重点工程的进展，调试组成员根据实际情况对工作流程进行了调整。商讨后，调试组成员决定将查找、解决问题、交验等工作穿插进行，并进行灵活调整，做到小组与小组、部门与部门之间及时沟通。这样既保证了机车质量，也提高了检测效率，为以后类似的工作积攒了经验。

2021年6月，张如意亲手调试的首台"复兴号"高原动车组驶入西藏，为边疆少数民族人民的出行带来了便利，彻底结束了藏东南地区长期以来不通火车的历史。不仅如此，还实现了铁路在全国的全面覆盖，有利于西南地区同中东部省份的协同发展。

　　时值建党100周年，拉林铁路按期开通、稳定运营。一辆辆飞驰而过的"复兴号"承载着全国各族人民的幸福，这是献礼百年的恢宏巨作。责任重大、使命光荣、无上荣耀，全程参与调试工作的张如意感到无比自豪，"每当看到我调试的机车在铁路上呼啸而过，我的心里就会特别自豪。为国家发展添砖加瓦，这也是技能报国的一种方式。"

　　如今，"复兴号"机车仍是中国机车最高水平的代表。每年张如意都要调试大批量"复兴号"机车，直至达到出厂标准。它们载着机车人的骄傲驶向祖国的大江南北，为新时代祖国交通运输事业贡献力量。想象着"复兴号"昂首驰骋于锦绣河山之间，张如意的内心无比激动，作为一名机车电工，他拥有极大的成就感和满足感，这种成就感也是鼓舞着千千万万机车工人无私奉献的精神力量。

中老铁路，情牵两方

中老铁路是连接我国云南省昆明市和老挝首都万象市的一条跨国铁路。这条铁路不仅对于老挝经济发展具有重要意义，也是中国铁路行业迈向世界舞台的重要见证。

中车大连机车车辆有限公司同中车青岛四方机车车辆股份有限公司联合参与了中老铁路机车招标活动，并成功中标。张如意是在2021年5月接到的工作通知，此时距离首车交付的截止时间已经不足5个月。未有耽搁，张如意立即开始研究机车的设计图纸，了解该型机车的相关特点、工艺要求等。他参与了机车调试的全过程，并对过程中的数据做了详细记录，对于不在规定范围的数据，一律记为不合格，要求工作人员溯源检查，坚决消除隐患。截至交付前，张如意查询和修改问题共计30余处。为了保障机车以最佳的状态出厂，张如意还跟随机车前往青岛，参与机车的联调工作。

2021年10月16日11时，中老铁路动车组的首列"澜沧号"抵达万象站，交付至中老铁路公司。"澜沧号"的命名，源于老挝的古称"澜沧"王国和流经中老两国的澜沧江，寓意两国一衣带水的好邻居、好朋友、好同志、好伙伴关系。"澜沧号"动车组车体外观呈流线型，采用老挝国旗色——红、蓝、白三色涂装，被称为"国旗之美"。动车组内饰采用"占芭天香""锦绣江山"两种主题设计。"占芭天香"内饰，是以一朵朵绽放的老挝国花"占芭花"纹样为底色设计的，寓意老挝人民对未来美好生活的憧憬和中老两国人民无私、高尚、圣洁的友谊；"锦绣江山"内饰，是以老挝织锦图样为底色设计的，融合了中老两国传统文化、民族审美和宗教信仰等元素。仅一个月的时间里，"澜沧号"动车组就创造了运营57万公里、运送旅客71.6万人次的惊人纪录。

张如意团队调试的机车运营在中老铁路上，牵起两国人民的深厚情谊，为两国友谊作出了巨大贡献。

第八章　吾辈楷模，优良品质亟待学习

扫码解锁

◎群英颂歌◎匠心追梦
◎技能报国◎奋斗底色

　　张如意的徒弟刘国辉说："我的师傅在工作中是精益求精、一丝不苟的。遇到任何问题，师傅都要反复思考、求证，最后才会拿出解决方案。他对待工作就像对待人生，不仅要完成它，更要做好它。师傅的一言一行让我知道什么是劳模精神，什么是工匠精神！"

　　徒弟董家会说："师傅经常放下自己手里的工作来帮我们解决问题，然后再加班干完自己的工作，这让我们很感动。他经常告诫我们，工作要细心，要严格按照操作规程来，不得有半点马虎，师傅对工作认真负责的态度也深深地影响了我们。我们也要成为像师傅一样的大国工匠！"

　　张如意的成功不单单是因为他始终秉持着"活到老，学到老"的求学精神和一丝不苟的敬业态度，更离不开他自身所具备的强烈的责任感和吃苦精神。他丝毫不吝啬，将自己毕生所学倾囊相授，为机车行业源源不断地培养人才。

"活到老，学到老"

　　铁路是陆路运输系统的动脉，而机车则是其中流淌的血液，只有血液奔腾不息，才能激发整个陆路运输行业的活力。新中国成立70余年间，中国铁路建设稳中求进，先后经历6次大提速，建成了覆盖全国的高速铁路网。党的十八大以来，铁路建设成就斐然，新型机车不断涌现，铁路运输系统不断完善。

机车行业的建设正朝着自动化、信息化、创新化方向发展，新技术层出不穷，这对广大机车行业从业者的学习和适应能力提出了更高的要求。作为一名资深的机车电工，张如意敏锐地捕捉到机车发展的新信息。为了提升自身技术水平，顺应机车行业发展潮流，他从未停止对于专业知识的学习，并且始终坚持将理论同实践相结合，为自身长远发展打下了坚实的基础。

机车的调试过程意味着不断发现问题、解决问题。发现是解决的基础，但在日常工作中，面对着复杂的机车系统，发现问题往往更加烦琐而艰难。每当接受新的调试任务时，张如意都会对机车进行整体研究。首先，他会搜寻相关资料，理清设计思路，全面掌握机车特性；然后重点研究新型机车应用的新技术，学习理论知识，对于未曾涉猎的部分，张如意会去图书馆查阅相关书籍，或者同公司技术人员进行交流，扫清知识盲区。

"我提前做好准备工作，干起来就更快一些。"正如张如意所言，在工作正式开始后，凭借着充分的前期准备和扎实的理论基础，他总能够在第一时间发现隐患，提出修改建议，不仅提高了工作的效率，还多次为公司避免了经济损失。

机车调试过程中常会有工程技术人员在旁提供技术支持。他们之中不乏国内外的机车专家、公司外聘的技术顾问、相应型号机车的设计人员、零部件售后服务人员等。"三人行，必有我师焉"，对于张如意而言，每个人都是自己职业生涯的老师，在他看来，不论是工作还是生活，能同他人进行交流就是非常难得的事情。张如意会抓住一切机会向他人请教，将难题消化，继而吸收为自己的知识储备，而后将知识应用于生产工作中，如此循环往复，让学习与工作相辅相成。

随着调试技术的不断进步，张如意逐步成为公司调试领域的专业人才，也成为青年工人学习的榜样。张如意觉得自己的责任更重了，一方面，自己需要把好机车出厂的最后一道关，对机车的运营安全负责；另一方面，作为资深员工和技术专家，更需要以身作则，为青年工人树立榜样。因此，张如意在工作时一刻也不敢懈怠，越发严谨细致，不放过任何一个细节，努力让每个问题都能得到解决，让机车完美发挥其性能。

2021年的一次机车制造任务中，设计人员将一种全新的技术运用在新车型上。当机车进入调试车间后，大家都犯了难。"我们不仅在这方面毫无经验，甚至连理论材料也从未见过，调试和检修成了大问题。"张如意立即召集参与此次调试的工作人员，并特聘技术专家作为顾问，重新研究机车图纸。领导了解情况后，立即从设计处派来一位年轻的技术专家——李工程师。

看着这个年轻的后生，大多数工友都保持着怀疑的态度，连身经百战的张如意都不确定这样一位年轻人是否能行。张如意决定让这位年轻的工程师试一试。他认真向李工介绍了目前棘手的情况，并提出了自己的看法和建议。李工了解完情况，随即决定

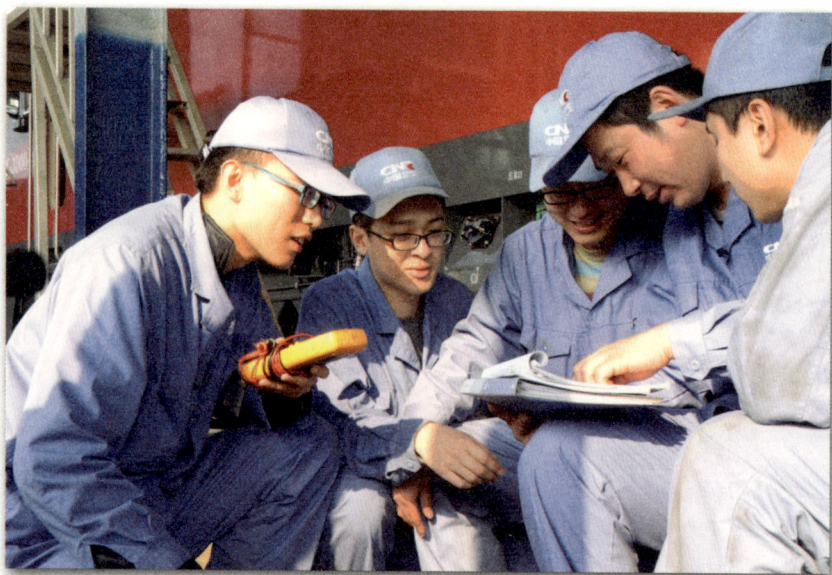

⊙ 2014年4月，张如意（右二）培训新员工

进入车间开始调试，张如意将笔记本放在一旁，竟然心甘情愿地打起了下手。张如意一边帮忙，一边在心里默默记下该项工作的全部流程。李工的出色表现使得现场的同事纷纷为他鼓掌，那些持有怀疑态度的员工也都心服口服。调试结束后，张如意紧跟着这位年轻的技术专家，向他询问工作的细节，并逐字逐句记录在笔记本上。

20余年的调试生涯，张如意一直保持着求知若渴的学习精神和对工作的热爱。张如意说："对于新技术的接受度是衡量工人适应力的重要标准，只有不断扩充头脑里的知识，才能做到与时俱进，必须'活到老，学到老'。"

不分昼夜，坚守岗位

对于铁路部门来说，春运是一年中最为忙碌的时段，各地铁路局往往都会在这一时期增开列车。2019年春节前夕，面对各地铁路局大批量的列车需求，中车大连机车车辆有限公司需要提供一批时速160公里的集中动力动车组。为了保障春运正常进行，这批机车的交付显得尤为迫切。这一次的调试工作，依旧由张如意负责。

距离交付时间还有47天。早晨8点，张如意接到了调试任务。随即，他召集了一批调试人员，开始进行准备工作。直到晚上9点，机车来到了耐压调试平台，张如意一边让同事准备耐压测试工作，一边进入机车内部，利用耐压准备时间通览一遍所有的电气元件，事先将内部隐患进行了一轮排查。随后，张如意按照下发的调试文件开展测试，全程跟踪检查，不放过任何细节。在凌晨2点前，调试团队完成了所有的耐压测试。正当所有人都以为终于可以休息时，送电试验出现了多处故障报告。尽管身体已经极度疲惫，但是张如意的精神仍然保持着高度紧张，他立刻进行排查，将问题一项一项解决。终于，在凌晨4点，最后一个问题被成功解决，重新送电后，机车恢复正常运行。

彻夜工作，张如意甚至连喝口水的时间都没有。走出厂房时，他满脸的疲态，步履缓慢，右手还捏着颈椎，徒弟刘国辉忍不住关心道："您不用这么拼命，还有我们呢，您天天这么劳累，身体会吃不消的。"张如意愣了一下，随即笑着回答道："我们是机车工人，为了机车的安全运营，必须不辞劳苦。虽然累，但是一想到自己亲手调试的机车穿行在山川田野间，我就感到非常满足。"从前，在刘国辉的眼中，师傅只是一位技术过硬、踏实肯干的机车工人，现在听到这些话，他心中肃然起敬，师傅的形象更加伟岸了。

距离交付时间还有32天。张如意依旧早早地来到厂房，进行后续的调试工作。冬天的太阳落山早，下午5点左右天就黑了。同事们陆陆续续结束手头工作，准备下班，唯独张如意没有停下手中的活，他在临近下班时发现，闭合电钥匙后，司机室控制电源Ⅱ自动开关出现跳保险的情况，导致机车上很多功能失灵。张如意找来了机车设计图纸，按照图纸排查电线和接线处，这一查就查到了凌晨3点，终于他发现了问题所在。此刻的张如意，一扫熬夜带来的困倦，感受到前所未有的愉悦。

距离交付时间还有16天。调试检测工作进入查缺补漏阶段，烦琐的细节问题在这一时期暴露出来，极大地考验着工作人员的耐心。仅半天时间，退勤照明按钮线缆缺失、二极管设计图纸有误、多个按钮失灵等或大或小的问题便被上报到张如意处。张如意一边安抚大家不要因为细节问题耽误了整体工程进度，继续完成后续的检查；一边亲自带领骨干成员对故障和隐患进行检修，并联系设计人员前往现场，将设计问题当面反馈，一起商讨解决办法。

随着问题被不断地发现、解决，机车调试的进度也在逐渐加快，首组机车的调试工作已然进入收尾阶段。在此期间，张如意几乎每天都会加班到凌晨三四点，以实际行动带动整个车间的工作热情，成为所有人的工作表率。在张如意带领的调试团队的不断努力下，机车调试工作顺利完成，并成功交付使用。由于时速160公里集中动力动车组前期调试工作完成得非常出色，为后期其他车型的调试奠定了基础，原本预计2个月才能完成的调试工作，缩短至1个月即完成了。

工作结束后，因劳累过度，张如意腰部顽疾复发，严重时甚至直不起来腰。母亲想让他在家卧床休养，张如意思考过后还是拒绝了。为了让母亲放心，他再三保证会照顾好自己。正是凭借着对工作的满腔热情、对责任的执着坚守，张如意才能一路披荆斩棘，成为业界的知名人才和劳动模范。

一代人有一代人的担当

"一代人有一代人的事业，一代人有一代人的担当。"张如意始终将这句话牢记在心。"80后"既有着年轻人的朝气和锐气，也有着壮年人的稳重和担当，他们逐步成为各行各业的中流砥柱，为祖国的发展提供了源源不断的动力。

张如意正是"80后"中的一员，他选择战斗在机车事业的第一线，并通过自己的不懈努力，成为中国机车事业的领军人物之一。在工作中，他是公司内部出了名的"高效率，零故障"，不少客户都点名让张如意统筹机车调试。张如意明白，这些客户对自己有着很高的信任度，所以无论工作量有多大、时间有多紧张，他都会以极高的耐心开展工作，不放过任何一个细节和疑点，确保机车安全稳定运行。张如意这样说道："我不仅要对自己的事业负责，还要对别人负责，更要对整个项目负责，不能辜负领导、客户和同事们的信任，这是我作为一名机车工人的担当。"

正是因为张如意拥有强烈的责任心，所以每逢遇到重点项目，领导都会第一时间想到他。2014年，为保障"两会"期间铁路客运畅通，张如意作为中车大连机车车辆有限公司的技术代表，前往北京机务段参与服务工作。同年国庆期间，张如意再次来到北京协助完成服务保障工作。此后，张如意还前往沈阳、济南、南昌等机务段进行铁路运输保障任务。

在一次机车电机的排查工作中，张如意发现微机显示器电机速度传输器出现了数据传输异常的情况。按照以往的调试经验，速度传输器异常往往代表着电机存在故障，电机故障的影响非常大，会引发其他的一些问题。事关重大，检查人员对电机的所有传输线路进行了细致排查，又检测了与之相关的设备和部件。出乎意料的是，重新测试的所有数据都处于正常范围。大家对所有可能出现隐患的点重新梳理，忽然，一个大胆的想法在张如意的头脑中产生：既然一切数据都正常，那么问题是不是出现在电机传输器本身？他并未妄下推论，而是将两次电机传输器的数据进行对比，在直观的数据对比下，张如意肯定了自己的猜想。于是，工人们更换了电机传输器，这一次，微机显示器电机速度传输器的各项数据恢复正常，在场的领导、同事都对张如意的准确判断十分钦佩。大家明白，这样的精准判断不仅需要具备扎实的理论知识、充足的工作经验，更要对机车各个零部件了如指掌。

"因为我们太了解机车了，每一个零件、每一个部位，我们都记得清清楚楚。但是不能仅凭经验去做事，我要对自己说的每一句话负责，这也是对每一辆机车、每一位乘客负责。"张如意说。

亲力亲为，以身作则

张如意始终记得儿时随父亲参观王进喜纪念馆，站在先辈劳模的塑像前，聆听父亲讲述"铁人事迹"的往事。英雄的无私奉献精神深深感染着年幼的张如意，他期望自己像这些英雄一样，将工作置于人生的最高位置，在工作岗位上实现自己的价值。

先辈已矣，芳草萋萋，静待来者，继志千里。20余载机工路，张如意提升的是技术，坚守的是精神与信仰。被评为"公司级专家"后，旁人也曾劝过他："以你现在获得的荣誉，已经不需要通过拼命工作来证明自己了，让车间的其他成员去劳动，你站在一旁，给些指导就行了，你也该歇一歇了。"平日里脾气温和的张如意听到这话后一反常态，断然驳斥，并对这种"享乐"思想提出了批评。在他看来，有一分热便要发一分光，在工作中偷奸耍滑是对自己的不尊重，也是对工作的不负责。

古人曾以"亦余心之所善兮，虽九死其犹未悔"剖明心志，时隔数千年，中国匠人亦以此明志。张如意还记得当初求学时老师说的一番话："做工人首要的便是打磨心性，找到适合自己的路，然后就是坚持不懈地走下去。"历经挫折而志愈坚，前路虽远而心未变。张如意坚信"有志者，事竟成"，保持着高昂向上的精神状态，数十年如一日坚守在工作岗位上，无怨无悔。

多年以来，张如意获得了全国五一劳动奖章、大国工匠、全国技术能手、第十四届全国职工职业道德建设标兵、中央企业技术能手、辽宁五一劳动奖章、辽宁工匠、中国中车高铁工匠、中国中车十大杰出青年、大连市劳动模范等数十项荣誉，并享受国务院政府特殊津贴。荣誉加身，张如意将一切归功于自己和团队成员过往的努力，但他从未将昨天的成绩当作今日怠惰的资本。不论是机车性能调试，还是数据监测，抑或是零件更换，张如意始终亲力亲为，亲自上车工作，"谁都代替不了我，只有亲自发现那处故障、摸过损坏的零件，我才能知道问题出在哪里。"

机器的轰鸣、板件碰撞的丁零构成了张如意的人生交响乐，机车狭小的缝隙成为他尽情发挥才能的一片天地。"不惧酷暑严寒，拼搏年年岁岁，何恐风霜雪雨，自是岿然不动。"这是张如意的性格写照，也是对中国工匠精神的集中概括。

从徒弟到师傅

由初学者到专家，张如意深刻认识到知识传授的重要性。

从一介学徒成长为一名大国工匠，其中的困难可想而知。在工作初期，车间的老师傅们带领张如意一点点了解机车零部件，后来在众多技术人员的帮助下，他才了解了更多的机车知识。张如意分享道："刚做学徒的那段时间让我非常难忘。初来乍到，技术也不好，我只能跟着师傅一点点学。"张如意本以为经过一段时间的学习，自己可以独挑大梁，但当他独自面对复杂的机车构造时，却频频出错，甚至将正确的零部件错换。师傅的信任、家人的期待，无不使彼时的张如意充满愧疚。好在师傅并未因此责骂他，而是同他谈心，教他如何正确对待工作中遇到的难题。张如意逐渐树立起信心，不断加强相关基础知识的学习，并勤加练习。随着自身技术水平的不断提高，张如意先后承担多项机车调试任务。他的技术水平逐渐得到了业内的认可，在职业道路上不断前进。

近年来，我国经济得到了长远稳定的发展，对技术工人的需求不断增加。伴随着国家政策方向的调整，高等教育和职业教育政策也在适时调整，大批年轻人逐渐意识到工业制造是一片大有可为的天地。于是，许多懂知识、有技术的年轻毕业生选择进入大、小工厂，成为技术工人队伍中的新生力量。看到这些略带稚气但激情四射、阳光活泼的新面孔，张如意真心为机车事业的蓬勃发展感到欣喜。机车调试于他而言，早已不只是工作本身，更成了他毕生奋斗的事业，与他血脉相连。

机车调试工作更加注重工人们的实操水平，显然，学校里学习的理论知识和寥寥的工作经验不足以支撑机车调试工作的需要。实践操作几乎成了所有年轻工人的短板。为了快速且有效地解决这个问题，公司决定采用"结对子"的方式，即让经验丰富的师傅带着新人一起工作，指导他们在劳动中学习。以往，公司会挑选年纪偏大的师傅作为带教老师，因为这些师傅经验丰富、沉稳踏实，示范效果更好。但是这次，领导却决定选择一批年富力强的工人承担带教任务。张如意得知消息后跃跃欲试，希望自己能够入选，帮助新人。但他也有担忧，他认为自己比较年轻，没有带新人的经验，担心自己无法胜任这份工作。师傅的一番话，打消了张如意的顾虑，"我师傅这么跟我说的，公司的老师傅陆陆续续都要退休了，领导选择让你们做带教，也是为了应对未来可能会出现师傅队伍青黄不接的窘境。"

很快，张如意就迎来了他的第一位徒弟。大到机车整体调试，小到线路故障排查，张如意时刻将徒弟带在身边，让他观察自己的工作步骤。他还要求徒弟记好笔记，尤其是遇到难以解决

⊙ 张如意（右二）在培训员工

的问题。闲暇时，张如意会在车间现场建起理论课堂，从机车的设计思路到机器的工作原理、从整体结构到零部件的作用，将自己掌握的理论知识倾囊相授，不仅帮助徒弟了解更多的机车理论知识，也帮助新员工了解工作内容。面对大家的提问，张如意也极具耐心，讲解过程细致入微。时间一长，"车间课堂"越发有名，每当听说张如意"开课"了，许多年轻工人都会跑去听课。张如意还结合日常工作，将知识要点、原理图等文件整理制作成PPT课件，在"车间课堂"上向大家展示，并将常见的故障原因和检测、修理步骤整理成文档分发下去，要求大家研习。这样的方式更有助于新员工将学习和实践结合起来，形成"学练相辅"的良性循环。课程进入中期，张如意将自己珍藏多年的工作笔记拿了出来，让新员工在实际案例中根据笔记寻找解决方法，形成自己的操作思路。

2018年8月，公司将一名叫刘国辉的年轻人分配到张如意手下工作。恰逢时速160公里集中动力动车组的调试，张如意成为首车调试员。机会难得，张如意随即申请带上徒弟一起进行机车调试。实践是最好的老师，经过此次调试任务，刘国辉已然掌握了机车调试的基本操作，能够独立检修简单故障。学徒生涯结束后，刘国辉成了带班电工，因为技术过硬，后来被调到分厂技术组担任技术员。

迄今为止，张如意已经为公司培养了20余名新人技工，工龄稍长的徒弟们已经能够在岗位上独当一面了，工龄稍短的徒弟们也不甘落后，奋发图强。他的徒弟中已有3人获得"高级技师"称号、5人获得"技师"称号、1人获得公司"青年岗位标兵"荣誉称号。看到这些，张如意十分欣慰，"我一个人不能解决全部问题，我要带动大家一起进步，团队的力量才能办大事。"

第九章　新的起点，迎来全新的挑战

扫码解锁

◉群英颂歌◉匠心追梦
◉技能报国◉奋斗底色

创立"张如意劳模创新（技能大师）工作室"

2016年，为了更好地宣传张如意的个人事迹，便于将他的经验、技术传授给车间全体技工，公司决定创建"张如意劳模创新（技能大师）工作室"。对于工作室的用途，张如意有着不同见解，他认为工作室的发展方向不应该被局限，如果仅仅用于宣传自己的个人经验，那么这违背了他的初衷。他将自己对工作室未来的规划与工作内容整理成纲要文件，呈递给领导。在文件中，张如意从行业未来规划和公司发展前景出发，将近年来机车行业的发展模式变化进行归纳总结。现如今，创新驱动在生产活动中的重要性不断提高，新兴技术和材料不断被应用到新车型中，因此，行业内部对新技术人才的需求也不断扩大。目前，公司内部攻克技术难题的力量不强，高技能人才缺口较大，一线工人技术水平发展迟滞……新创建的"张如意劳模创新（技能大师）工作室"恰好可以探索新的路径，寻找解决这些问题的方法。例如汇聚来自研发、制造、调试等多部门的人员，根据不同的任务组成工作小组，整理各部门在工作中遇到的难题并针对性地解决，将完善的研发或验证结果发给各部门，为部门日常工作提供帮助。

⊙ 2018年9月，张如意（右）和工作室员工讨论问题

同时，还可以定期吸纳各部门中具有潜力的员工，让他们在工作室中得到锻炼，提升他们的能力，并加强同其他部门员工的交流，为公司培养高技能人才。

经过各方协商，领导批准了这项计划。张如意开始从各部门中选拔人才，其中包括项目技术专家、经验丰富的老师傅、初出茅庐的新人，工作室初具规模。之后，张如意还发动大家寻找、总结在机车制造、调试过程中遇到的难题，并委派工作室成员去生产一线，同工人师傅交流经验。发现问题后由专人汇总到工作室，再由工程技术人员进行专项分析，整理出适配的解决方案，随后由调试人员进行验证，合格后将结果反馈给生产线上。

在这种模式下，工作中遇到的难题——得到解决，前线工作效率大幅提高，工作质量不断提升。随着"张如意劳模创新（技能大师）工作室"的不断注能，公司内部生产技术得到创新，生产工艺不断改进，探索出一条改革发展的新路径。

"张如意劳模创新（技能大师）工作室"名声大噪，得到上级领导、专家的重视。为了更好地发挥工作室的作用，张如意结合实际生产情况，本着科学有效的精神，与工作室骨干成员一同制定了《规章制度》《管理办法》《工作目标》等各项文件，要求工作室成员严格遵守。张如意还提议制作月度工作成果、年度工作目标、获奖荣誉展示、员工精彩表现等图板，张贴在工作室内，并对表现出色的员工给予奖励，以此激励大家努力工作。"张如意劳模创新（技能大师）工作室"在张如意的带领下逐步走上正轨。

技术革新，成绩斐然

机车行业是一个更新换代速度极快的领域，新的技术、新的工艺接踵而来，机车工人必须顺应时代发展要求，跟上技术迭代的节奏。因此，工作室经常开展技术革新和技能培训活动，保证工作室人员的技术水平始终走在公司前列。工作室成立之初，便吸纳了公司内部一部分具有较强潜力的年轻人，张如意将培养年轻人作为重点任务纳入了工作室的整体规划。在日常的工作中，由技术专家和技术骨干带领这批年轻的机车工人一起学习，发挥年轻人思维活跃、可塑性强的特点，鼓励他们积极参与技术创新活动。不仅如此，张如意还将一批更为出色的年轻人引进技术攻关会，让他们从不同的角度出发，为技术革新提出建议。

通过一系列举措，工作室取得了令人瞩目的成绩。在技术创新方面，张如意总结自己的过往经验，同时结合其他员工的建议，带领团队研发了HXD3D电力机车主断路器操作实训装置。该装置主要用于年轻职工的入职培训，便于在短时间内提升他们的理论水平和实践能力，为他们快速适应工作内容提供保障。根据车间的老师傅反映，在该装置应用之后，有效地减少了年轻工人因为实践不足而导致操作失误的情况，避免了由此引发的工程延期或是机器损坏等一系列经济损失，有效提高了员工的工作效率。该装置还可作为实操能力测试装置，运用在职称评定实践考试中，节省了考核所需的人力、物力，可谓一举多得。

一次，张如意在车间收集信息时，发现工人普遍反映HXD2型电力机车的校线难度高，致使车间调试环节工作效率低。为改变这种情况，张如意召集了团队的技术专家和具有校线经验的年轻人，集中研发HXD2型机车的校线装置。大约用了2个月时间，HXD2型电力机车多功能校线器问世。使用该装置后，校线速度和准确率大幅提高，车间工人每天可以完成两台机车的校线工作。该装置解决了线路校对困难的问题，既节约了人力，又节省了校对花费的时间，提高了车间整体的工作效率和产品的质量。

机车的防滑器系统也是机车安全的重要保障之一。在传统的机车调试中，检测设备无法判断传感器接线端和微机对应通道是否接线正确，存在隐患。张如意针对机车防滑器检测问题专门设立了一项课题，并且和团队中的电子信息专家一起进行技术攻关，最终研制出防滑器系统故障检测仪。采用此信号发生装置，可以在机车及测速齿盘静止状态下模拟测速齿盘发出的方波信号，从而检测速度传感器的性能及接线状态。该装置

⊙ 2019年4月，张如意（前排左二）在工作室培训班组成员

既能检测传感器是否工作，又解决了传统机车调试方案无法检测传感器接线端与微机对应通道是否接线正确的问题。

在公司多种新车型调试过程中，张如意与团队成员提出的百余项合理化建议和改善提案、立项攻关项目，节约了机车调试时间，使机车的各项生产工艺流程更精简，大大降低了生产成本。公司每两年开展一次的先进操作法征集活动中，共有5个以"张如意"名字命名的操作法。这些调试方法是张如意在日常调试工作中总结出来的故障排查方法，为其他调试者提供了明确的解决思路。

张如意以PPT形式编写了《HXD3D型电力机车调试作业指导书》《HXN3B型内燃机车调试作业指导书》《HXD2型电力机车调试作业指导书》《HXD3C型电力机车调试作业指导书》，详细地讲解了机车的调试方法、操作要领，便于调试人员对调试步骤有一个更系统、更全面的了解。针对机车调试中的常见故障，张如意还编写了《HXD3D型电力机车常见故障排除法》《HXD3C型电力机车常见故障排除法》《HXN3B型内燃机车常见故障排除法》，加快了机车调试进度，解决了各型机车大小故障千余次。

从事机车调试工作多年来，张如意累计完成技术创新项目50余项，拥有20项新型实用专利，共同发表论文20篇，各级技术创新成果40余项，先进操作法5项。自工作室成立以来，共取得研究成果69项，申请专利30项。

　　张如意大胆开创全新的检查思路，研发全新的装置、设备，并将其应用于调试工作当中，不仅提高了调试的整体效率，还真正实现了生产活动的创新，对于调试行业的发展具有重要意义。

第十章　新时代大国工匠，榜样的力量

扫码解锁

◎群英颂歌◎匠心追梦
◎技能报国◎奋斗底色

"我长期在柴油机的轰鸣声、高压电磁场的环境中工作。无论什么样的脏活、累活，我都争着往前上，哪里有需要，就去向哪里。我从不惧怕满是油污的地沟，同事们也经常可以看到我硕大的身躯蜷缩在狭小的机车缝隙中。"

从懵懂无知的学徒，到成为一代大国工匠。一路走来，张如意顶酷暑、冒严寒，经受着风雨雷电的洗礼。"支撑我的就是一种精神、一种信念或者说一种情怀，是把一件工作、一件事情、一个难点当作一种信仰，一丝不苟地将它做到极致，做到别人无可替代。"张如意说。

因为热爱，所以风雨无阻；因为执着，所以不觉辛苦。也许张如意最想要的就是那份匠人之心，无争、无怨，直面无常。也正是对匠人之心的渴望，支撑着他一路走来，成为享誉全国的"80后"大国工匠。

"80后"大国工匠

2014年，张如意被评选为中华全国总工会重点宣传的先进个人。中国工会网"劳模故事"栏目更是将他的事迹制作成专题纪录片，通过网络、电视等方式进行展播。工人日报社旗下期刊《当代劳模》以"开着机车去西藏"为题，宣传报道了张如意的先进事迹，鼓舞了广大的机车工作者。

劳动节前夕，《辽宁新闻》为弘扬劳模精神，展现产业工人风采，推出了"劳动者风采"专栏，并在第一期节目中，以"机车达人"为题报道了张如意的故事。报道强调了张如意自工作以来始终有着一股韧劲，以极强的毅力探索学习，成为电力机车调试方面的专家级人才。随后，《辽宁日报》《辽宁职工报》《大连日报》等多家媒体相继对张如意进行专题报道，称赞他为"机车神医"。

同年9月，辽宁省总工会和辽宁省委宣传部授予张如意"最美辽宁工人"荣誉称号，并对他进行了重点宣传。

2016年中华全国总工会与国家网信办联合开展了"中国梦·大国工匠篇"大型主题宣传活动。人民网、新浪网、腾讯网等6家网络媒体对张如意进行了专题采访。在中工网《张如意：与中国机车一起走向世界的80后"机车神医"》报道中，向大众讲述了张如意是如何怀揣激情与梦想，从中车大连公司的一名普通员工成为一代"机车神医"。在人民网《张如意——与中国机车一起前行的"80后"大工匠》报道中，张如意谈到了自己的梦想，他希望以自己微弱的力量向社会传递创新的正能量，为祖国的轨道交通装备行业贡献自己的绵薄之力。

梦想，是支撑张如意继续向前的动力，也是代代中国机车人不断砥砺奋进的原动力。

2021年的五一劳动节，张如意作为机车调试行业的优秀代表

⊙ 2014年，调试HXN3型高原机车留影

接受了《大国工匠》节目和《我与大国工匠面对面》新媒体访谈直播节目的采访，访谈内容在央视综合频道和新闻频道重点栏目循环播出。5月6日，张如意首次登上中央电视台《新闻联播》节目。节目中，张如意回顾了自己十几年的机车调试工作，其间发生的每一件事、遇见的每一个人，无不激励着他不断前进。

简单的事情做到极致，便是不简单；平凡的事情做到极致，就是不平凡。岁月不居，天道酬勤。弘扬精益求精的工匠精神，走技能成才、技能报国之路，打造"国之重器"，擦亮"国家名片"，中车一直在路上，千千万万中国工匠一直在路上！

一枝独秀不是春，百花齐放春满园

近年来，随着科技的快速发展，网络和数字经济掀起一股制造业改革的浪潮。想在未来的市场中占据优势地位，就必须顺应时代大潮，推动制造业转型升级，由"中国制造"转变为"中国智造"。

从业者是产业体系的基础，任何一个产业的发展都离不开从业者。制造业的转型升级也是如此。如果工人在转型的过程中缺位，那么制造业的发展将会举步维艰。由此，"工匠精神"作为时代亟须的理念开始走入大众视野。2016年，"工匠精神"概念在国务院《政府工作报告》中首次被提出。随后，"工匠精神"的宣传范围不断扩散，不只制造行业，各行各业都开始强调"工匠精神"。

时至今日，人们已然认识到"工匠精神"对于全民族性格塑造的重要性，且将这一理念贯穿于教育之中，不断贯彻落实新时代劳动素质教育。张如意受邀参加了大连市沙河口区中小学"庆祝建党百年，百名劳模进校园"活动的启动仪式。活动中，孩子们对这位"劳动模范"尤为好奇，纷纷围在张如意身边，询问怎样才能成为一名劳动模范。张如意回答道："我们要抱定'做一行，爱一行'的信念，确立好自己的目标。而且光有目标还不够，一定要脚踏实地，从小事做起，从细节入手，把身边的每件事做好、做优秀。"

2021年9月，大连市"劳模工匠进校园"活动正式启动。张如意作为劳模代表受邀进入校园进行宣讲，他以自身经历引导学生感悟劳模精神，同时以"结对子"的形式带领学生感受机车调试工作。平易近人的态度拉近了张如意和学生之间的距离，宣讲活动产生了积极的反响。随后，沙河口区昌平小学热情邀请张如意来校参加活动，并聘请他为校外辅导员；大连市交通技师学院也邀请他担任德育辅导员。

大连市总工会注重对工人队伍内部年轻工人的培养。2021

⊙ 2014年，张如意（左四）参加大连市青年职工"百星"事迹报告会

⊙ 2021年4月，《大国工匠》采访团队对张如意进行现场采访

年，大连市总工会在研究新形势、新任务的基础上，决定成立
"大连市劳模工匠创新智库"，发挥劳模工匠的榜样作用，推动
工人队伍发展，张如意成了核心成员。

参加创新智库后，张如意认识了许多具有潜力的年轻工
人，积极地向他们传授经验，帮助他们获得进步。"时代呼唤
工匠精神，企业需要工匠精神。一枝独秀不是春，百花齐放春
满园。我要和工匠们一起把经验总结出来，把绝技、绝活传承
下去。也许我们不能人人都成为工匠，但只要我们有一颗追求
高标准的心，立足岗位，踏踏实实从基础做起，就一定会走得
更远、更好。"

张如意，这位在平凡岗位上铸就非凡的大国工匠，用自己
的行动诠释了"匠心独运，精益求精"的深刻内涵。他的故事
如同一盏明灯，指引着那些在不同岗位上奋斗的人不断勇往直
前，不懈追求；他的故事如同一面镜子，映照出中国从"制造
大国"向"制造强国"，乃至"科技强国"转型的壮丽征程。

在张如意身上，我们看到了中国工匠精神的传承与发扬。
他用自己的双手，助力中国机车走出国门、驶向世界，推动了
中国制造业的技术革新与升级，在中国乃至世界的工业史上，
镌刻下属于中国工匠的辉煌篇章。

国家的强盛离不开个体的努力与奉献，在科技发展日新月
异的今天，每一点微小的进步，都是国家迈向科技强国道路上

的坚实步伐。张如意用自己的经历，诠释了个人价值与国家命运紧密相连的真理。无论是在高精尖的科研领域，还是在平凡的生产线上，千千万万中华儿女都应该不忘初心，砥砺前行，共同书写中华民族伟大复兴的辉煌篇章。

扫码解锁

◎群英颂歌◎匠心追梦
◎技能报国◎奋斗底色